Walter Benjamin, geboren am 15. Juli 1892 in Berlin, studierte in Freiburg, Berlin, München und Bern Philosophie und lebte nach seiner Promotion als freier Schriftsteller und Übersetzer in Berlin. Er emigrierte 1933 nach Frankreich und wurde Mitglied des nach New York verlegten Instituts für Sozialforschung. Am 27. September 1940 nahm er sich auf der Flucht vor der Gestapo in dem spanischen Grenzort Port Bou das Leben.

Innerhalb der *Gesammelten Schriften* Benjamins muß den *Illustrierten Aufsätzen*, die in diesem Band »Aussichten« versammelt sind, eine besondere Rolle zuerkannt werden. Die mit Abbildungen versehenen Texte unterscheiden sich nicht nur formal von anderen Arbeiten Benjamins, sondern sie besitzen auch eine ganz eigene Thematik; sie behandeln Dokumente aus den Randgebieten von Kunst und Wissenschaft, ohne sich dabei auf bestimmte Anlässe zu beziehen. Versammelt finden wir hier: *Aussicht ins Kinderbuch, ABC-Bücher vor 100 Jahren, Russische Spielsachen, Die Weihnachtspyramide, Dienstmädchenromane des vorigen Jahrhunderts, Worüber sich unsere Großeltern den Kopf zerbrachen, Bücher von Geisteskranken* und *Kleine Geschichte der Photographie*.

»Aussichten« legt der Insel Verlag zum 100. Geburtstag von Walter Benjamin vor.

insel taschenbuch 1423
Walter Benjamin
Aussichten

Walter Benjamin Aussichten

Illustrierte Aufsätze
Mit Abbildungen
Insel Verlag

insel taschenbuch 1423
Erste Auflage 1992
Insel Verlag Frankfurt am Main und Leipzig
© Suhrkamp Verlag Frankfurt am Main 1972, 1977
Alle Rechte vorbehalten
Hinweise zur Textauswahl am Schluß des Bandes
Vertrieb durch den Suhrkamp Taschenbuch Verlag
Umschlag nach Entwürfen von Willy Fleckhaus
Satz: LibroSatz, Kriftel
Druck: Nomos Verlagsgesellschaft, Baden-Baden
Printed in Germany

1 2 3 4 5 6 – 97 96 95 94 93 92

Inhalt

Aussicht ins Kinderbuch

Grüne Schimmer schon im Abendrot.
C. F. Heinle

In einer Geschichte von Andersen kommt ein Bilder-
buch vor, das »für das halbe Königreich« erkauft war.
Darin war alles lebendig. »Die Vögel sangen und die
Menschen gingen aus dem Buche heraus und spra-
chen.« Wenn aber die Prinzessin das Blatt umwandte,
»sprangen sie gleich wieder hinein, damit keine Un-
ordnung entstehe«. Niedlich und unscharf, wie so
vieles, was er geschrieben hat, geht auch diese kleine
Erdichtung haargenau an dem vorbei, worauf es hier
ankommt. Nicht die Dinge treten dem bildernden
Kind aus den Seiten heraus – im Schauen dringt es
selber als Gewölk, das mit dem Farbenglanz der Bil-
derwelt sich sättigt, in sie ein. Es macht vor seinem
ausgemalten Buche die Kunst der taoistischen Voll-
endeten wahr: es meistert die Trugwand der Fläche
und zwischen farbigen Geweben, bunten Verschlä-
gen betritt es eine Bühne, wo das Märchen lebt. Hoa,
das chinesische »tuschen«, ist soviel wie kua, »anhän-
gen«: man hängt fünf Farben an die Dinge. Farben
»anlegen« sagt das Deutsche. In solch farbenbehäng-
te, undichte Welt, wo bei jedem Schritt sich alles verschiebt, wird das Kind als Mitspieler aufgenommen.
Drapiert mit allen Farben, welche es beim Lesen und
Betrachten aufgreift, steht es in einer Maskerade mit-
ten inne und tut mit. Beim Lesen – denn es haben auch

die Worte zu diesem Maskenball sich eingefunden, sind mit von der Partie und wirbeln, tönende Schneeflocken, durcheinander. »Prinz ist ein Wort mit einem umgebundenen Stern«, sagte ein Junge von sieben Jahren. Kinder, wenn sie Geschichten sich ausdenken, sind Regisseure, die sich vom »Sinn« nicht zensieren lassen. Man kann darauf sehr leicht die Probe machen. Gibt man vier oder fünf bestimmte Worte an und läßt sie schnell zu einem kurzen Satz zusammenfügen, so wird die erstaunlichste Prosa zum Vorschein kommen: nicht Aussicht, sondern Wegweiser ins Kinderbuch. Da werfen sich mit einem Schlag die Worte ins Kostüm und sind im Handumdrehen in Gefechte, in Liebesszenen oder Balgereien verwickelt. So schreiben, so aber lesen auch die Kinder ihre Texte. Und es gibt seltene, passionierende ABC-Bücher, welche in Bildern ein verwandtes Spiel treiben. Da findet man z. B. auf der Tafel A ein Stilleben aufgetürmt, das sehr rätselhaft wirkt, bis man dahinter kommt, daß hier Aal, ABC-Buch, Adler, Apfel, Affe, Amboß, Ampel, Anker, Armbrust, Arznei, Ast, Aster, Axt sich versammelt haben. Solche Bilder kennen Kinder wie ihre Tasche, sie haben sie genau so durchwühlt und das Innerste zu äußerst gekehrt, ohne das kleinste Fetzchen oder Fädchen zu vergessen. Und wenn im kolorierten Kupferstich die Phantasie des Kindes träumerisch in sich selber versinkt, führt der schwarz-weiße Holzschnitt, die nüchterne prosaische Abbildung, es aus sich heraus. Mit der zwingenden Aufforderung zur Beschreibung, die in dergleichen Bildern liegt, rufen sie im Kinde das Wort wach. Wie es aber diese

Die Fabeln des Äsopus.
Zweite Auflage, Wien, bey Heinr. Friedr. Müller,
Kunsthändler am Kohlmarkt Nr. 1218.
(Sammlung Benjamin)

Bilder mit Worten beschreibt, so »beschreibt« es sie in der Tat. Es bekritzelt sie. Anders als jede farbige ist ihre Fläche gleichsam nur andeutend bestellt und einer gewissen Verdichtung fähig. So dichtet denn das Kind in sie hinein. Es lernt an ihnen zugleich mit der Sprache die Schrift: Hieroglyphik. In deren Zeichen gibt man heute noch den ersten Fibelworten das Linienbild der Dinge, welche sie bedeuten, mit: Ei, Hut. Der echte Wert solch schlichter graphischer Kinderbücher liegt also weit ab von der stumpfen Drastik, um derentwillen die rationalistische Pädagogik sie empfahl. – »Wie das Kind ein Plätzlein sich merkt«, mit Auge und Finger seine Bilderlandschaft durchquert, sagt dieser musterhafte Kinderreim aus einem alten Anschauungsbuch:

> »Vor dem Städtlein sitzt ein Zwerglein,
> Hinterm Zwerglein steht ein Berglein,
> Aus dem Berglein fließt ein Bächlein,
> Auf dem Bächlein schwimmt ein Dächlein,
> Unterm Dächlein steckt ein Stüblein,
> In dem Stüblein sitzt ein Büblein,
> Hinterm Büblein steht ein Bänklein,
> Auf dem Bänklein ruht ein Schränklein,
> In dem Schränklein steht ein Kästlein,
> In dem Kästlein liegt ein Nestlein,
> Vor dem Nestlein sitzt ein Kätzlein,
> Merken will ich mir das Plätzlein.«
>
> *J. P. Wich: Steckenpferd und Puppe,*
> *Nördlingen 1843*

Weniger systematisch, launenhafter und wilder geht im Vexierbild das Kind dem »Dieb«, dem »faulen Schüler« oder dem »versteckten Lehrer« nach. Auch diese Bilder, welche den Zeichnungen mit Widersprüchen und Unmöglichkeiten, die heut als Tests zu Ehren kommen, verwandt erscheinen, sind ja nur Maskerade, übermütige Stegreifposse, in welcher Menschen sich auf den Kopf stellen. Beine und Arme zwischen Äste stecken und ein Hausdach als Mantel umnehmen. Bis in den ernsteren Raum der Buchstabier- und Lesebücher tollt dieser Karneval hinein. Renner in Nürnberg ließ in der ersten Hälfte des vorigen Jahrhunderts eine Folge von vierundzwanzig Blättern erscheinen, die die Buchstaben selber vermummt – wenn man so sagen darf – vorführten. F tritt in der Verkleidung eines Franziskaners, K als Kanzlist, T als Träger auf. Das Spiel hat soviel Gefallen erweckt, daß man bis auf den heutigen Tag diesen alten Motiven in allerlei Abwandlungen begegnen kann. Der Rebus endlich läutet den Aschermittwoch dieses Wort- und Letternfaschings ein. Er ist die Demaskierung: aus dem glänzenden Aufzug blickt der Sinnspruch, die hagere Vernunft, den Kindern entgegen. Dieser Rebus (kurioserweise früher aus rêver anstatt aus res erklärt) hat die allervornehmste Abkunft, stammt geradenwegs aus der Hieroglyphik der Renaissance und einer ihrer kostbarsten Drucke, die »Hypnerotomachia Poliphili«, ist gewissermaßen seine Adelsurkunde. In Deutschland ist er vielleicht nie so ungemein wie in Frankreich verbreitet gewesen, wo gegen 1840 reizende Oblatenserien Mode gewesen sind, die den Text in Bilderschrift trugen. Immerhin hatten auch deutsche Kinder sehr reizende »pädagogische« Rebusbücher. Spätestens aus dem Ende des achtzehnten Jahrhunderts stammen die »Sittensprüche des Buchs Jesus Sirach für Kinder und junge Leute aus allen Ständen mit Bildern welche die vornehmsten Wörter ausdrucken«. Der Text ist zierlich in Kupfer gestochen und alle Substantiva, die das irgend zulassen, sind durch schön ausgemalte sachliche oder allegorische Bildchen bedeutet. Noch 1842 gab Teubner eine »Kleine Bibel für Kinder« mit 460 derartigen Illustrationen heraus. Und wie dem Denken und der Phantasie war ehemals selbst der tätigen Hand im Kinderbuch ein weites Feld bereitet. Da gibt es die bekannten Ziehbilderbücher (die am schnellsten entartet sind und überhaupt als Gattung wie auch in den Exemplaren das kürzeste Leben scheinen gehabt zu haben). Ein reizendes Stück ist das »Livre jou-jou« gewesen, das – in den vierziger Jahren vermutlich – in Paris bei Janet erschienen ist. Es ist der Roman eines persischen Prinzen. Alle Wechselfälle seiner Geschichte sind in Bildern festgehalten, auf deren jedem sich ein freudiges und rettendes Ereignis mit einem Zauberschlage einstellt, wenn man den Streifen am Rande bewegt. Ähnlich sind Bücher eingerichtet, bei denen die auf den Bildern dargestellten Türen, Vorhänge usw. aufklappbar sind und Bildchen dahinter erscheinen lassen. Und endlich werden – so wie die Anziehpuppe ihren Roman gefunden hat (»Isabellens Verwandlungen oder das Mädchen in sechs Gestalten. Ein unterhaltendes Buch für Mäd-

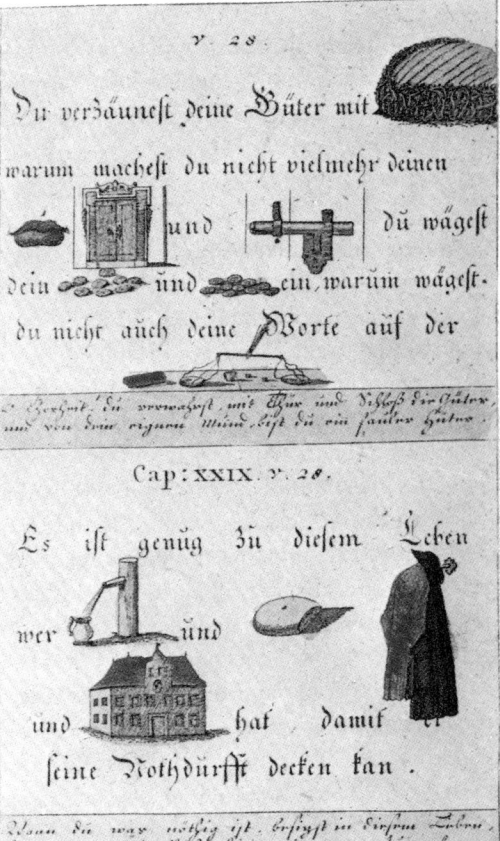

v. 28.

Du verzäuneſt deine Güter mit

warum macheſt du nicht vielmehr deinen

und   du wägeſt

dein   und   ein, warum wägeſt

du nicht auch deine Worte auf der

Der Bosheit. Du verwahrst mit Thür und Schloß die Güter, und von deiner eigenen Münd biſt du ein fauler Hüter.

Cap: XXIX. v. 28.

Es iſt genüg zu dieſem Leben

wer   und

und   hat damit er

seine Nothdürfft decken kan.

Wenn du war nöthig iſt, begnügt in dieſem Leben ſo war es Überflüß, dir weiter war zu geben.

Sittenſprüche des Buchs Jesus Sirach, Nürnberg.
(Sammlung Benjamin)

chen mit sieben kolorierten beweglichen Kupfern«,
Wien) – ins Buch auch jene schönen Spielbogen ge-
wandert sein, in denen beigegebene kleine Pappfigu-
ren durch heimliche Ritzen befestigt und auf die
mannigfachste Weise angeordnet werden konnten.
So ließ nach den verschiedenen Situationen einer Erzählung die Landschaft oder Stube sich ausgestalten.
Den wenigen aber, denen als Kindern – oder als
Sammlern gar – das Glück geworden ist, auf ein Zau-
ber- oder Vexierbuch zu stoßen, wird all dies andere
dagegen verblaßt sein. Diese geistvoll eingerichteten
Bände zeigten, je nach der Stellung der in ihr blät-
ternden Hand, wechselnde Blattfolgen. Dem Einge-
weihten, der es handhabt, zeigt ein solches Werk
zehnmal das gleiche Bild auf immer neuen Seiten, bis
sich die Hand verschiebt, und nun, als habe unter ihren Griffen sich das Buch verwandelt, ganz andere
Bilder, ebensooft erscheinen. Ein solcher Band (wie
er als Quarto aus dem achtzehnten Jahrhundert dem
Schreiber vorliegt) scheint, je nachdem, bald nichts
als eine Blumenvase, dann immer wieder eine Teu-
felsfratze, dann Papageien, dann nur weiße oder
schwarze Blätter, Windmühle, Hofnarr, Pierrot usw.
zu enthalten. Ein anderes zeigte, je nachdem man
darin blätterte, Serien von Spielzeug, Näschereien für
das artige Kind, dann wieder, wenn man das Orakel-
buch auf andere Weise durchging, eine Reihe von
Strafwerkzeugen und von Schreckgesichtern für das
böse.
Die hohe Blüte des Kinderbuchs in der ersten Hälfte
des vorigen Jahrhunderts ging nicht sowohl aus der

konkreten (und der heutigen in manchem überlegenen) pädagogischen Einsicht, denn als Moment des bürgerlichen Lebens jener Tage aus ihm selber hervor. Mit einem Worte: aus dem Biedermeier. Es saßen in den kleinsten Städten Verleger, deren landläufigste Erzeugnisse so anmutig waren, wie die bescheidenen Gebrauchsmöbel von damals, in deren Schubladen sie hundert Jahre lang geschlafen haben. Daher gibt es nicht nur Berliner, Leipziger, Nürnberger, Wiener Kinderbücher; im Geist des Sammlers haben vielmehr Namen wie Meißen, Grimma, Gotha, Pirna, Plauen, Magdeburg, Neuhaldensleben als Verlagsort weit verheißungsvolleren Klang. In fast allen haben Illustratoren gearbeitet, nur sind sie meistens namenlos geblieben. Von Zeit zu Zeit aber wird einer unter ihnen entdeckt und erhält seinen Biographen. So ist es Johann Peter Lyser, dem Maler, Musiker und Journalisten ergangen. Das Fabelbuch von A. L. Grimm (Grimma 1827) mit Lysers Bildern, das »Buch der Mährchen für Töchter und Söhne gebildeter Stände« (Leipzig 1834), Text und Bilder von Lyser, und »Linas Mährchenbuch« (Grimma o. J.), Text von A. L. Grimm, Bilder von Lyser, enthalten seine schönsten Arbeiten für Kinder. Das Kolorit dieser Lithographien verblaßt dem brennenden des Biedermeier gegenüber und stimmt um so besser zu den hageren, oft verhärmten Gesellen, der schattenhaften Landschaft, der Märchenstimmung, die nicht frei ist von einem ironisch-satanischen Einschlag. Die handwerkliche Kunst in diesen Büchern hatte dem kleinbürgerlichen Alltag sich völlig verbunden, sie

Rübezahl.

Das Buch der Mährchen
für Töchter und Söhne gebildeter Stände von J. Lyser.
Mit acht Kupfern, Leipzig 1834,
Wigand'sche Verlags-Expedition.
(Sammlung Benjamin)

wurde nicht genossen, sondern gebraucht wie Koch-
rezepte oder wie Sprichwörter. Von dem, was die
Romantik Überschwänglichstes sich je erträumte,
stellt sie die volkstümliche, ja die kindliche Variante
dar. Jean Paul ist darum ihr Schutzpatron. Die mittel-
deutsche Feenwelt seiner Geschichten hat in jenen
Bildchen sich niedergeschlagen. Deren selbstgenüg-
sam prangender Farbenwelt ist keine Dichtung näher
als die seine verwandt. Denn sein Ingenium ruht, so
gut wie das der Farbe, in Phantasie, nicht in der
Schöpferkraft. Im Farbensehen läßt die Phantasiean-
schauung im Gegensatz zur schöpferischen Einbil-
dung sich als Urphänomen gewahren. Aller Form
nämlich, allem Umriß, den der Mensch wahrnimmt,
entspricht er selbst in dem Vermögen, ihn hervorzubringen. Der Körper selbst im Tanz, die Hand im
Zeichnen bildet ihn nach und eignet ihn sich an. Dieses Vermögen aber hat an der Welt der Farbe seine
Grenze; der Menschenkörper kann die Farbe nicht er-
zeugen. Er entspricht ihr nicht schöpferisch, sondern
empfangend: im farbig schimmernden Auge. (Auch
ist ja, anthropologisch gesprochen, das Sehen die
Wasserscheide der Sinne, weil es Form und Farbe zugleich auffaßt. Und so gehören ihm zu rechter Hand
die Vermögen aktiver Korrespondenzen an: Formse-
hen und Bewegung, Gehör und Stimme, zur Linken
aber die passiven: Farbsehen gehört zu den Sinnesbe-
reichen von Riechen und Schmecken. Die Sprache
selber faßt in »[aus-]sehen«, »riechen«, »schmecken«,
die vom Objekt [intransitiv] wie [transitiv] vom
menschlichen Subjekte gelten, diese Gruppe zur Ein-

heit zusammen.) Kurz: reine Farbe ist das Medium der Phantasie, die Wolkenheimat des verspielten Kindes, nicht der strenge Kanon des bauenden Künstlers. Hiermit hängt ihre »sinnlich-sittliche« Wirkung zusammen, die Goethe ganz im Sinne der Romantik erfaßte. »Die durchsichtigen Farben sind in ihrer Erleuchtung wie in ihrer Dunkelheit grenzenlos, wie Feuer und Wasser als ihre Höhe und ihre Tiefe angesehen werden kann . . . Das Verhältnis des Lichts zur durchsichtigen Farbe ist, wenn man sich darein vertieft, unendlich reizend, und das Entzünden der Farben und das Verschwimmen ineinander und Wiederentstehen und Verschwinden ist wie das Odemholen in großen Pausen von Ewigkeit zu Ewigkeit, vom höchsten Licht bis in die einsame und ewige Stille in den allertiefsten Tönen. Die undurchsichtigen Farben stehen wie Blumen dagegen, die es nicht wagen, sich mit dem Himmel zu messen und doch mit der Schwachheit von der einen Seite, dem Weißen, und dem Bösen, dem Schwarzen, von der andern zu tun haben. Diese sind aber gerade fähig . . . so anmutige Variationen und so natürliche Effekte hervorzubringen, daß . . . die durchsichtigen am Ende nur wie Geister ihr Spiel darüber haben und nur dienen, um sie zu heben.« Mit diesen Worten wird die »Zugabe« der »Farbenlehre« dem Fühlen dieser braven Koloristen und damit auch dem Geist der Kinderspiele selber gerecht. Man denke an die vielen, welche alle auf die reine Anschauung in der Phantasie gehen: Seifenblasen, Teespiele, die feuchte Farbigkeit der Laterna magica, das Tuschen, die Abziehbilder. In ihnen allen

Der rote Wunderschirm.
Eine neue Erzählung für Kinder.
Neuruppin, Druck und Verlag von Gustav Kühn.
(Sammlung Benjamin)

schwebt geflügelt über den Dingen die Farbe. Denn nicht am farbigen Ding oder an bloßer toter Farbe hängt ihr Zauber, sondern am farbigen Schein, am farbigen Glanz, am farbigen Strahl. Am Ende ihres Panoramas mündet die Aussicht in das Kinderbuch auf einen biedermeierlich beblümten Felsen. Gelehnt an eine himmelblaue Göttin, lagert dort der Dichter mit den melodischen Händen. Was ihm die Muse eingibt, zeichnet ein Flügelkind neben ihm auf. Verstreut umher liegen Harfe und Laute. Zwerge im Schoß des Berges blasen und geigen. Am Himmel aber geht die Sonne unter. So hat Lyser einmal die Landschaft gemalt, in deren buntem Feuer Blick und Wangen der Kinder über Büchern widerstrahlen.

ABC-Bücher vor hundert Jahren

Kein Königspalast und kein Cottage eines Milliardärs hat ein Tausendstel der schmückenden Liebe erfahren, die im Laufe der Kulturgeschichte den Buchstaben zugewandt worden ist. Einmal aus Freude am Schönen und um sie zu ehren. Aber auch in listiger Absicht. Die Buchstaben sind ja die Säulen eines Tores, über dem ganz gut geschrieben stehen könnte, was Dante über den Pforten der Hölle las, und da sollte ihre rauhe Urgestalt die vielen Kleinen, die alljährlich durch dieses Tor müssen, nicht abschrecken. Jeden einzelnen dieser Pilaster behing man also mit Girlanden und Arabesken. Doch man kam erst sehr spät darauf, daß man dem Kinde die Sache nicht leichter machte, wenn man die Gerüste der Lettern mit maßlosen Zierformen überspannte, um sie anziehender zu gestalten.

Daneben begannen die Buchstaben schon früh einen Hof von Gegenständen um sich zu bilden. Die Älteren unter uns haben noch den Hut dienstfertig beim *h* hängen, die Maus harmlos am *m* knabbern sehen und das *r* als den dornigsten Teil der Rose kennen gelernt. Mit der bewegenden Hingabe an fremde Völker, an Kinder, an Deklassierte, die durch die europäische Aufklärung ging, mit dem Strahlen des Humanismus, von dem die Klassik eigentlich nur die Sonnenfinsternis ist, fiel dann mit einem Mal ganz anderes Licht in die Lesebücher. Die kleinen illustrierenden Gegenstände, die bis dahin verlegen um den herrschaftlichen Buchstaben herumgelungert hatten, oder gar in Kassetten, eng wie die Fensterchen in bürgerlichen Hausfassaden des 18. Jahrhunderts, gepreßt worden waren, gaben plötzlich revolutionäre Losungen aus. Die Ammen, Apotheker, Artilleristen, Adler und Affen, die Kinder, Kellner, Katzen, Kegeljungen, Köchinnen, Karpfen, die Uhrmacher, Ungarn, Ulanen erkannten ihre Solidarität. Sie beriefen große Konvente ein, Abordnungen aller A's, B's, C's usw. erschienen, und es ging auf ihren Versammlungen tumultuarisch zu. Wenn Rousseau sagt, daß alle Souveränität vom Volk stammt, so bekunden diese Tafeln es laut und entschieden: »Der Geist der Buchstaben stammt aus den Sachen. Uns, unser So-und-Nicht-anders-Sein, haben wir in diesen Buchstaben ausgeprägt. Nicht wir sind ihre Vasallen, sondern sie sind nur unser lautgewordener gemeinsamer Wille.«

Das XY-Blatt ist das Kreuz aller ABC-Bücher.
Daß die Holzschneider – Xylographen –, die man hier sieht, den
schrulligen Gedanken gehabt haben, nur Männer mit X und Y (Xer-
xes, Xenophon, Young, Ypsilanti) in Holz zu schneiden, kommt
unserem ABC-Künstler (es ist der berühmte Geißler) gerade recht.

Orbis pictus. Neuhaldensleben. Ohne Jahr. Eines der schönsten Kinderbücher aus dem Biedermeier. Es hat keinen Text. Der Künstler hat sich begnügt, jeder Tafel ein Blatt folgen zu lassen, auf dem alphabetisch geordnet die dargestellten Gegenstände verzeichnet sind. Sie fangen alle mit dem gleichen Buchstaben an. Hier ist es P und es sind dreiundzwanzig. Wer findet sie?

Das ist der Deckel zur »Reise nach Glücksland«, einem
französischen Kinderbuch, das gegen 1840 in Paris erschien.
Zu jeder Seite gehört eine ganzseitige feine Lithographie.
Die Kinder, die die Reise machen, langweilen sich bald im
Glücksland, wo es nur Spielzeug und Näschereien gibt.
Voll Sehnsucht nach der Schule entfliehen sie diesem Paradies.

Q. Querangal.

Tiens! tiens! comme maman.

Just like mamma!!

R. Ramorino.

U, u dada au petit trot

Get up, get up, Cockhorse, trot away.

Ein romantisches ABC-Buch aus Frankreich. Ohne Ort und Jahr. Auf jeder Seite ein Kind, dessen Vorname mit dem Buchstaben beginnt, der jeweils im Alphabet an der Reihe ist. Man hat aber schon zur Zeit des romantischen ABC-Buches lange durch Frankreich reisen können, ohne auf eine Querangal oder auf einen Ramorino zu stoßen.

Russische Spielsachen

Ursprünglich geht das Spielzeug aller Völker aus der Heimindustrie hervor. Der primitive Formenschatz des niederen Volkes, der Bauern und Handwerker bildet gerade für die Entwicklung des Kinderspielzeugs bis in die Gegenwart hinein die gesicherte Grundlage. Daran ist auch nichts Wunderbares. Der Geist, aus welchem die Erzeugnisse hervorgehen, der ganze Herstellungsprozeß und nicht nur sein Ergebnis ist ja dem Kind im Spielzeug gegenwärtig, und es versteht natürlich einen primitiv erzeugten Gegenstand viel besser als einen, der aus einem komplizierten Industrieverfahren herstammt. Hierin liegt nebenbei gesagt denn auch der berechtigte Kern in dem modernen Streben, »primitives« Kinderspielzeug herzustellen. Wenn dabei nur nicht unsere Kunstgewerbler gar zu oft vergäßen, daß primitiv auf Kinder nicht die konstruktiven, schematischen Formen wirken, sondern vielmehr der ganze Aufbau seiner Puppe oder seines Hündchens, soweit es nämlich sich vorstellen kann, wie sie gemacht sind. Das will es gerade wissen, das stellt ihm erst zu seinen Sachen die lebendige Beziehung her. Weil es beim Spielzeug nun einmal darauf ankommt, so darf man sagen, daß von allen Europäern vielleicht allein die Deutschen und die Russen das eigentliche Genie des Spielzeugs haben.

Allbekannt, nicht nur in Deutschland, sondern in der ganzen Welt – die deutsche Spielzeugindustrie ist die internationalste – sind die winzigen Puppen- und Tierreiche, die Bauernstübchen in einer Streichholzschachtel, die Archen Noahs und die Schäfereien, wie sie in thüringischen, erzgebirgischen Dörfern, auch in der Gegend von Nürnberg gemacht werden. Russisches Spielzeug aber ist im allgemeinen unbekannt. Seine Erzeugung ist nur wenig industrialisiert, und außerhalb der russischen Grenzen ist wenig mehr von ihr verbreitet als die stereotype Figur der »Baba«, des kegelförmigen Stückchen Holz, das, über und über bemalt, eine Bauersfrau darstellt.

In Wahrheit ist russisches Spielzeug das reichste, mannigfaltigste von allen. Die 150 Millionen Menschen, die das Land bewohnen, verteilen sich auf Hunderte von Völkerschaften, und alle diese Völker haben wiederum eine mehr oder minder primitive, mehr oder minder entwickelte Kunstübung. So gibt es Spielzeug in Hunderten verschiedener Formensprachen, in den allerverschiedensten Materialien. Holz, Ton, Knochen, Stoff, Papier, Papiermaché treten allein oder in Kombinationen auf. Holz ist das wichtigste unter diesen Materialien. Fast überall in diesem Lande der großen Wälder hat man in seiner Behandlung – im Schnitzen, Färben und Lackieren – eine unvergleichliche Meisterschaft. Von den einfachen Hampelmännern aus weißem und weichem Weidenholz, von den naturwahr geschnitzelten Kühen, Schweinen, Schafen bis zu den' kunstvoll mit leuchtenden Farben bemalten, lackierten Schatullen, auf denen der Bauer mit seiner Troika, Landleute, die um einen Samowar versammelt sind, Schnitterinnen oder Holzfäller bei der Arbeit dargestellt sind, und weiter bis zu großen Monstregruppen, plastischen Wiedergaben alter Sagen und Legenden, füllen hölzernes Spielzeug, hölzerne Spielereien in den vornehmsten Straßen von Moskau, Leningrad, Kiew, Charkow, Odessa Laden an Laden. Die größte Sammlung davon besitzt das Moskauer Spielzeugmuseum. Drei Schränke des Museums stehen voll mit tönernem Spielzeug aus dem nördlichen Rußland. Der bäuerliche, robuste Ausdruck dieser Puppen aus dem Gouvernement Wjatka steht einigermaßen im Kontrast zu ihrer höchst gebrechlichen Beschaffenheit. Aber sie haben die weite Reise heil überstanden. Und es ist gut, daß sie im Moskauer Museum ein sicheres Asyl bezogen haben. Denn wer weiß, wie bald auch dieses Stück Volkskunst dem Siegeszug der Technik, welcher Rußland heute durchquert, noch standhalten kann. Schon soll die Nachfrage nach diesen Dingen zumindest in den Städten verstummen. Aber dort oben in ihrer Heimat leben sie sicher noch, werden im Bauernhause selber nach wie vor am Feierabend geknetet, mit leuchtenden Farben gestreift und gebrannt.

Altes Holzpferdchen
aus dem Gouvernement Wladimir.

Hölzernes Modell einer Nähmaschine.
Dreht man die Kurbel, so geht der Nagel auf und nieder und
erzeugt im Auffallen ein klapperndes Geräusch, das dem Kinde
den Rhythmus der Nähmaschine vorstellt. Bauernarbeit.

Links: Samowar (gelb, rot und grün) als Behang für den Weihnachtsbaum. Rechts: Trommler – gibt ein knatterndes Geräusch von sich und bewegt die Arme, wenn man die Kurbel rechts unten dreht.

Puppe aus Stroh. Höhe: 6 Zoll. Tambosk. Wird sommers im Feld bei der Erntearbeit verfertigt und später, getrocknet, als Puppe bewahrt. Erinnerung an einen uralten Erntefetisch.

Nußknacker. Nachahmung einer Majolikafigur in Holz. Entstanden zwischen 1860 und 1880 im Gouvernement Moskau.

Droschke mit zwei Pferden bespannt. Holzschnitzerei aus
dem Gouvernement Wladimir. Ca. 1860/1870.

Interessant ist der Vergleich dieser beiden Wjatka-Puppen.
Das Pferd, das auf dem einen Modell noch sichtbar ist, ist
auf dem nebenstehenden schon mit dem Manne verschmolzen.
Volkstümliches Spielzeug strebt nach vereinfachten Formen.

Bonne mit zwei Kindern.
Sehr alter Spielzeugtyp.

Bacchus auf einem Ziegenbock.
Im Kasten eine Musik.

*Möbelgarnitur für die Puppenstube. Arbeit sibirischer Sträflinge
aus dem 19. Jahrhundert. Das Zusammenfügen der winzigen
Holzteilchen erfordert unsägliche Geduld.*

*Die Erde auf drei Walfischen. Von einem Künstler aus Holz
verfertigt. Das Motiv entstammt einer russischen Sage.*

Die Weihnachtspyramide

Die Vorgängerin
des Weihnachtsbaumes

Die älteste Anordnung der Weihnachtskerzen kam
aus den Kirchenbräuchen: vom Altar. Das war die
Lichterpyramide; ein stabiles und steiles Holzgestell-
chen, an dem die Kerzen sich in verschiedenen
Schichten staffelten. Diesen Pyramiden, so zierlich sie
auch waren, fehlte freilich der Duft von Harz und
Tannennadeln.
Der Sieg des Weihnachtsbaums entschied sich langsam. Wie, das zeigen unsre Bilder, die alten Kinder-
büchern entnommen sind.
Schließlich war es ein kleiner Zwischenfall, der für die
Dauer die Pyramide durch den Weihnachtsbaum
verdrängte. Er trug sich 1827 auf dem Berliner Weih-
nachtsmarkte zu. Damals wurden Tannen- und Fich-
tenbäume auf den Straßen nur sehr vereinzelt ausge-
boten, Pyramiden dagegen fünfmal mehr als Weih-
nachtsbäume. Arbeiter nämlich, die im Winter jenes
Jahres keine Beschäftigung gefunden hatten, waren
auf die Idee verfallen, Weihnachtspyramiden zu ba-
steln und verkauften sie vorm Fest an allen Ecken.
Dadurch entstand ein solcher Überfluß, daß mehr als
tausend Pyramiden aller Größen unverkäuflich blieben, trotzdem man sie für einen Silbergroschen aus-
schrie. Als keine Aussicht zu verkaufen mehr vor-
handen war, schleppten die Leute ihre eigne Ware

nach der Königsbrücke und schleuderten sie kopf-
über auf die Eisdecke der Spree, von wo am Weih-
nachtsmorgen dann die armen Leute sie als Brenn-
stoff holten. Von dieser »Krise« hat sich der Pyrami-
denmarkt nie mehr erholt.

Ein Weihnachtsbaum zwischen zwei Weihnachtspyramiden.
Diese haben noch das Vorrecht behalten, die Lichter zu tragen.
– Zum Fenster sieht ein armes Kind herein.

Das ist ein Wiener Bild aus dem Jahre 1834. Wie man sieht,
ist der Tisch, in dessen Mitte der Baum steht, leer.
Alle Weihnachtsgaben sind an den Tannenzweigen befestigt.

1838.
In diesem seltsamen Bilde haben Weihnachtsbaum und
Lichterpyramide sich vereinigt.

*So ein kleiner zierlicher Weihnachtsbaum wurde von draußen
mit brennenden Kerzen ins Zimmer getragen und war das
Zeichen, daß die Bescherung anging.*

Dienstmädchenromane
des vorigen Jahrhunderts

Dienstmädchenromane? Seit wann werden denn
Werke der schönen Literatur nach dem Kreise ihrer
Verbraucher klassifiziert? Allerdings – leider werden
sie es nicht, oder allzu selten. Und wieviel mehr Erleuchtung hätte man sich doch davon zu versprechen
als von ausgeleierten ästhetischen Rezensionen. Aber
schwer ist solche Gruppierung. Zumal weil man in
die Produktionsverhältnisse so selten hineinsieht.
Früher waren sie übersichtlicher als in unseren Tagen.
Und darum sollte man mit der Kolportage den An-
fang machen, wenn einmal die Literaturgeschichte,
statt sich nur immer für die Aussicht auf Gipfeln zu
interessieren, die geologische Struktur des Buchge-
birges erforschen sollte.
Vor der Entwicklung des Inseratenwesens war der
Buchhandel, wenn er seine Erzeugnisse bis in die un-
teren Schichten vertreiben wollte, auf Kolporteure
angewiesen. Man möchte sich gern den vollkomme-
nen Bücherreisenden jener Zeit und jener Schichten
vorstellen, den Mann, der es verstand, Geister- und
Rittergeschichten in die Dienstbotenkammern der
Städte und die Bauernstuben der Dörfer zu bringen.
Er mußte selber ein wenig in die Geschichten hinein-
passen, die er absetzte. Nicht als Held natürlich, nicht
als junger verstoßener Prinz oder fahrender Ritter,
wohl aber als der zweideutige Greis – Warner oder
Verführer? – der in vielen dieser Geschichten auftritt

und auf dem nebenstehenden Bilde gerade im Begriff
steht, sich vor dem Kreuzeszeichen zu verflüchtigen.

Es ist kein Wunder, daß man diese ganze Literatur so
lange verachtet hat, als es den Aberglauben an die ab-
solute »Kunst« gab. Der Begriff des Dokuments aber,
den wir heute an die Werke der Primitiven, der Kranken und der Kinder heranbringen, hat auch diese
Schriften in neue, wesentliche Zusammenhänge gerückt. Man erkannte den Wert typischer Stoffe, fand
Interesse daran, die begrenzte Zahl wirklich lebendi-
ger, immer zugkräftiger und erneuerungsfähiger zu
studieren und sah, daß in ihrer Variation sich ebenso
entschieden wie in der Formensprache der künstlerische Wille verschiedener Generationen und Klassen
verkörpert. Das Archiv solcher ewigen Stoffe ist der
Traum, wie Freud ihn uns kennen gelehrt hat.

Sind nun solche Werke, die sich ohne Umschweife an
den Stoffhunger des Publikums wenden, an sich
schon höchst interessant, so steigert sich das noch, wo
durch Illustrationen der gleiche Geist graphisch und
farbig zum Ausdruck kommt. Schon das Prinzip solcher Illustrationen bezeugt die enge Bindung des Le-
sers an seinen Stoff. Er will aufs Haar genau wissen,
wohin sie gehören. Wenn wir nur mehr solcher Bilder hätten! Aber wo sie nicht gerade – wie manche
unter den nebenstehenden – durch den Stempel einer
Leihbibliothek geschützt waren, sind sie den vorge-
zeichneten Weg – aus dem Buch an die Wand, von der
Wand in den Müll – gegangen.

Es verbinden sich viele Fragen mit diesen Büchern,
von den äußeren, nach Verfasserschaft, Einflüssen

etc. zu schweigen, zum Beispiel, warum in den Erzählungen, die doch zur Blütezeit des Bürgertums verfaßt wurden, die moralische Autorität immer an die Gestalt eines Herrn oder einer Dame von Stand gebunden ist? Vielleicht weil die dienenden Klassen sich damals noch solidarisch mit dem Bürgertum fühlten, seine verschwiegensten romantischen Ideale teilten.

Viele dieser Romane tragen über jedem ihrer blutrünstigen Kapitel ein Motto in Versen. Da stößt man auf Goethe und Schiller, ja auf Schlegel und Immermann, daneben aber auf Dichterfürsten wie Waldau, Parukker, Tschabuschnigg oder den schlichten B., von welchem die Zeilen stammen:

>>Einsam irrt sie und verlassen
Durch die weite Stadt,
Jeden Augenblick zu fürchten
Sie die Feinde hat.<<

Noch tasten wir uns unbeholfen an diese unbeholfenen Werke heran. Es kommt uns seltsam vor, Bücher ernst nehmen zu sollen, die nie Bestandteil einer »Bibliothek« waren. Vergessen wir nicht, daß das Buch ursprünglich ein Gebrauchsgegenstand, ja ein Lebensmittel gewesen ist. Diese hier sind verschlungen worden. Studieren wir an ihnen die Nahrungsmittelchemie der Romane!

Zu »Zurück, Verwegener!«
Das ist der berüchtigte »schwarze Ritter«, der gerade die Burg
York erobert hat und Anstalten macht, die schöne Rebekka
in seine Gewalt zu bringen. Die beiden Figuren
tanzen gewissermaßen einen Ländler des Entsetzens.

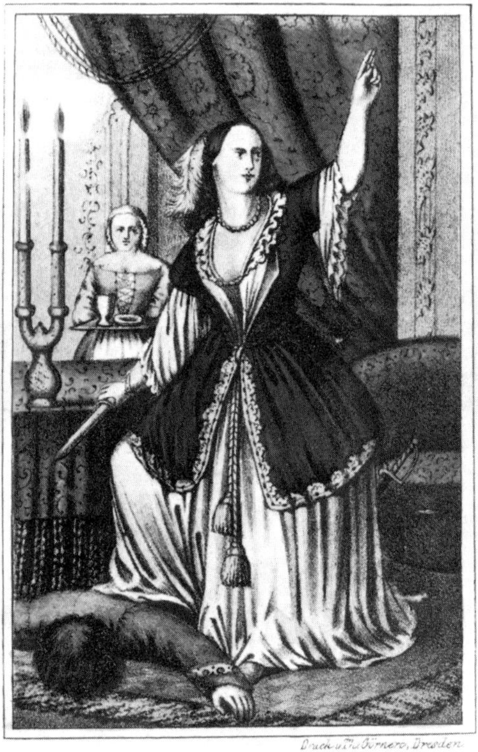

Druck u. Th. Körner's, Dresden

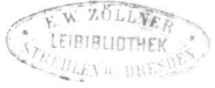

Ich schwöre es, wie dieser sollen Alle fallen!

*Zu »Ich schwöre es, wie dieser sollen Alle fallen!«
Die abgebildete Schönheit ist Sammlerin von präparierten Männerköpfen, die sie in einem Seitenkabinett ihrer Behausung auf Regalen verwahrt.*

Lady Lucie Guilford,

die

Fürstin der Rache,

genannt:

die Hyäne von Paris.

Seitenstück zu der Antonetta Czerna.

Von

O. G. Derwicz.

Dresden,

Verlag von J. Breyer.

Zu »Fluch über Euch«
Aus: »Antonetta Czerna, die Fürstin der Wildnis oder
Der Rachegang eines beleidigten Frauenherzens«,
Erzählung aus der neuesten Zeit von O. G. Derwicz,
Pirna ohne Jahr. Diese Damen haben sich adrett gekleidet mit
ihren kleinen Flinten zur Erschießung des jungen Mannes
wie zu einem Gartenfest eingefunden.

Zu »Schwöre«
Das Buch, aus dem dieses Bild herstammt, heißt: »Adelmar
von Perlstein, der Ritter vom goldnen Schlüssel oder Die zwölf
schlafenden Jungfrauen, die Beschützerinnen des bezaubernden
Jünglings. Ritter- und Geistergeschichte aus dem Mittelalter.«

Worüber sich unsere Großeltern
den Kopf zerbrachen

Das Bilderrätsel ist nicht ganz so alt wie die dunklen vornehmen Rätselfragen der Völker, von denen die der Sphinx die berühmteste ist. Vielleicht mußte die Ehrfurcht des Menschen vor dem Wort schon ein wenig geschwunden sein, ehe er es wagen konnte, den scheinbar so festen Zusammenhang von Laut und Bedeutung zu lockern und sie zum Spiele miteinander einzuladen. Das haben sie sodann »Nach Feierabend« im »Daheim«, im Schoße des »Familienfreundes«, in der »Rätselecke« des »Bazar« anmutig getrieben. Aber so gut wir die Faszination der Kreuzworträtsel, des »Golf mit Worten« und ähnlicher Denksports verstehen, der ihnen heute in der Gunst der Modejournale gefolgt ist, so kurios und entlegen scheint uns dieser vergangene. Wenn wir noch begreifen, wie unsere Großeltern daran Spaß hatten – wie sie diesem ausgemergelten Corps de ballet der Geräte und Lettern sein Geheimnis abzugewinnen wußten, das bleibt uns dunkel. Doch nur solange wir von unserer Merkwelt, der das Kreuzworträtsel so gut entspricht, von den normierten Architekturen, den Schemata der Statistik, der eindeutigen Sprache unserer Lichtreklame und unserer Verkehrszeichen ausgehen.
Die Aktualitäten einer anderen Zeit schlugen sich an anderen Zeichen nieder. Man denke nur an den Stil der politischen Karikatur in der Mitte des vorigen Jahrhunderts, der wir heute nichts ähnliches an die

Seite zu setzen haben. Und eben damals blühte das Bilderrätsel, das sich über die Autorität der Rechtschreibung genau so hinwegsetzte wie ein Cham oder Daumier über die Autoritäten des Ministeriums. Der eigentliche Patron dieser Rebus aber war der geniale Illustrator Grandville, dessen zeichnerische Demagogie nicht nur Himmel und Erde, sondern Möbel, Kleider und Instrumente gegen den Herrn der Schöpfung mobil machte und noch den Buchstaben die Gliedmaßen und den Übermut lieh, mit denen sie hier den Leser mystifizieren.

Ss S ſs ſſ ß S ſ ſ S ß ſſ S ſ s ſſ S ſs ſ ß ſ ß ſs ſ ß

»Es kann doch nicht immer so bleiben,
hier unter dem wechselnden Mond.«

*Ein sehr beliebter Rebus, der in den verschiedensten Formen
wiederkehrte.*

»Frauenschönheit, das Echo im Wald
Und Regenbogen vergehen bald.«

*Ein Normal-Rebus als Beweis dafür, wie man sich über die
Autorität der Rechtschreibung hinwegsetzte.*

»In den Ozean schifft mit tausend Masten der Jüngling,
Still, auf gerettetem Boot, treibt in den Hafen der Greis.«

Ein klassischer Rebus.

»Ein Gelehrter am Arm eines
überspannten Frauenzimmers.«

Ein »überspannter« Rebus.

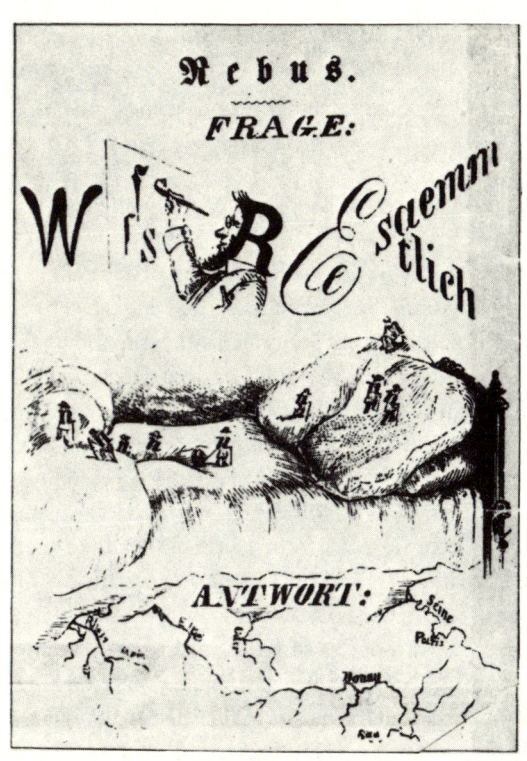

Ein Rebus, auf dem die Seine in Polen fließt.

Bilder aus alten Jahrgängen des »Bazar« und des »Deutschen Hausschatz«. (Preußische Staatsbibliothek, Berlin)

Bücher von Geisteskranken

Aus meiner Sammlung

Oft steht, unscheinbar, eine Verlegenheit am Ursprunge des Gelingens.

Als ich vor zehn Jahren begann, meine Bücher, immer gewissenhafter, zu ordnen, da stieß ich sehr bald auf Bände, die zu entfernen ich mich nicht entschließen konnte und die ich doch an dem Orte, wo ich sie fand, nicht länger dulden mochte.

Hermann von Gilms Gedichte gehören zu den Kuriositäten der deutschen Literatur, aber ich verstehe, daß ich zur Zeit, da mir Hölderlin aufging, so etwas nicht in die Abteilung »Deutsche Lyrik« einordnen wollte. Emil Szittyas Erstlingsschrift »Ecce-homo-Ulk« möchte ich heute ebensowenig missen wie manche andere verräterische Erstlingsschrift bekannterer Verfasser. Aber ich habe sie solange von Abteilung zu Abteilung gehetzt, bis sie schließlich nicht weit von Gilms Gedichten einen Unterschlupf fanden. Und Blühers »Aristie des Jesus von Nazareth« wollte ich meiner religionsphilosophischen Bücherei denn doch nicht einverleiben. Aber ihr Beitrag zur Pathologie antisemitischer Ressentiments schien mir zu wertvoll, um sie abzustoßen.

So fanden sich im Laufe der Jahre sehr ungleiche Brüder. Eine »Pathologische Bibliothek« kam zusammen, lange bevor mir der Gedanke erwuchs, zu einer Sammlung von Schriften Geisteskranker sie auszubauen, ja lange bevor ich wußte, daß es Bücher von Geisteskranken überhaupt gibt.

Da fielen mir im Jahre 1918 in einem kleinen Berner Antiquariat Schrebers berühmte »Denkwürdigkeiten eines Nervenkranken« aus dem Verlag Oswald Mutze, Leipzig, in die Hände. Hatte ich von diesem Buch schon damals gehört? Oder lernte ich erst einige Wochen später die Abhandlung kennen, die Freud im dritten Bande seiner »Kleinen Schriften zur Neurosenlehre«, Leipzig 1913, über dieses Buch veröffentlicht hat? Gleichviel. Ich war sofort aufs höchste gefesselt.

Was zunächst den Verlag des Heftes angeht, so hatte er als Sammelpunkt der possierlichsten spiritistischen Literaturprodukte einen Namen. Man versteht, daß ein solches Unternehmen am ersten sich zur Drucklegung eines theologischen Systemes entschließen konnte, in dem »Gott ohne Gefahr nur den Leichen sich nähern kann«, fernerhin dem Verfasser »unzweifelhaft feststeht, daß Gott der Begriff der Eisenbahnen bekannt ist« und eine Lehre von der Sprache Gottes, der sogenannten »Grundsprache, einem etwas altertümlichen aber immerhin kraftvollen Deutsch« entwickelt wird. Wenn in dieser Sprache Gott »rücksichtlich dessen, der ist und sein wird« genannt wird oder die ehemaligen Korpsbrüder des Patienten »die unter der Cassiopeia hängenden«, so sind doch mindestens ebenso merkwürdig und prägnanter die sprachlichen Wendungen, die dieser Paranoiker in gewissen Stadien der Krankheit findet, um banale Tatbestände zu fassen, die ihm im Laufe seiner Erkrankung unerklärlich geworden sind. Die Vorstellung eines Weltuntergangs, in der Paranoia nichts Seltenes, beherrscht diesen Kranken so, daß das Dasein anderer Menschen ihm nur als Trug und Spielerei erklärlich ist, und er, um sich mit ihnen abzufinden, von »flüchtig hingemachten Männern«, »Wunderpuppen«, »hingewunderten« Leuten usw. spricht. Auch sonst enthält das Buch eine Anzahl außerordentlicher Prägungen. Den Brüllzwang, dem der Kranke unterliegt, das »Brüllwunder« nennt er geringschätzig »ein psychisches Räuspern«. Auch der von Freud gelegentlich behandelte »Gegensinn der Urworte« ragt in dieses großartige Dokument hinein. »Saft« heißt Gift, »Gift« heißt Speise, »Lohn« heißt Strafe usw.

Das ganze Werk ist ursprünglich vom Verfasser seiner Frau als Leitfaden durch die religiöse Vorstellungswelt, die ihm in seiner Krankheit sich bildete, zugedacht gewesen. Nicht ohne konkreten Anlaß. Der Senatspräsident Schreber ist nämlich nach ungefähr zehnjähriger Internierung auf Grund der wiederholten höchst scharfsinnigen Eingaben, die er später als Anhang seinem Werke beigegeben hat, wieder für geschäftsfähig erklärt und seiner Familie zurückgegeben worden. Welche Stationen diese Krankheit bis zu der merkwürdig strengen und glücklichen Abkapselung der Wahnwelt durchlief, das gehört natürlich ebensowenig hierher wie eine psychiatrische Charakteristik dieses oder der folgenden Fälle.

Soviel ist klar, daß das Weltgebäude des königlich bayerischen Regierungs- und Kreismedizinalrats Carl Friedrich Anton Schmidt, Doktor der Philoso-

Titelbild aus C. F. Schmidt: »Leben und Wissenschaft in ihren Elementen und Gesetzen«.

Das Auge im Mittelpunkt der Vignette ist Sinnbild Gottes, dessen belebender Blick die vier Hauptgebiete menschlichen Tuns, Religion, Jurisprudenz, Medizin und Kunst, umfaßt, die in den Ecken des Bildes in Gestalt einer betenden Jungfrau, einer Richterin, Äskulaps und des schwebenden Apoll mit den Symbolen ihrer Tätigkeit dargestellt sind. Die Figuren um den Zentralpunkt deuten die Stufenleiter individuellen Seins – Mensch, Engel, Seraph – auf der einen, die höhere materielle Welt in Gestalt von Sternen, Mond und Sonne auf der anderen Seite an. Unter dem Auge steht die Sonne des Seins, die die Erdkugel (mit den Symbolen der Zeit und der Vergänglichkeit) bescheint. Auf die sehr komplizierten Einzelheiten der jeweilen zu einer Trias sich zusammenschließenden Symbole können wir hier nicht eingehen.

Haus

Zurichtung

	Gestaltung			Zugänge		
	Grundtheile	Verbindungstheile	Schlusstheile	Hauptöffnungen	Nebenöffnungen	Lichte Räume
Grundtheile · Grundmauern	Grundmauern	Faltboden	Giebel	Thore	Kellerlöcher	Vorplatz
Umfassungsmauern		Decken	Dach	Thüren	Bodenlöcher	Gänge
Verbindungsmauern		Treppen	Schlösse	Fenster	Oberlichter	Hof

Einrichtung

	Hauptpuncte des häuslichen Bedürfnisses			Nebenpuncte des häuslichen Bedürfnisses		
	Wohnorte	Bereitungs- u. Verwahrungs-Orte in erster Reihe	Feuerungsplätze	Nebenorte des Aufenthaltes u. allgemeiner Aufbewahrung	Specielle Bereitungs- u. Aufbewahrungs-Orte in zweiter Reihe	Für Unterbringung von Thieren, Abfällen u. dgl.
(Grundmauern)	Zimmer	Küche	Öfen	Altane	Waschhaus	Stallung
(Umfassungsmauern)	Saal	Keller	Heerde	Mezzano	Holzleger	Dungstätten, Abtritte u. dgl.
(Verbindungsmauern)	Kabinet	Boden	Kamine	Kammer	Remisen	Reservoirs

Hauptbaumaterial			Hülfbaumaterial			Bauhaltpuncte		
Stein	Holz	Eisen	Ziegel oder Schiefer	Mörtel und Farbe	Glas	Gewölbe und Tragbogen	Tragsteine und Tragbalken	Säulen und Pfeiler.

Tafel des »Hauses« nach Schmidt: »Leben und Wissenschaft in ihren Elementen und Gesetzen.«

phie, Medizin, Chirurgie und Geburtshilfe, Mitglied mehrerer gelehrter Gesellschaften, kaum ein Gebilde der Paranoia noch sonst einer Psychose sein wird. Die Psychiatrie ist längst über die Zeit hinaus, da man jedes Symptom zur Benennung einer besonderen Art von Irrsinn mißbrauchte, andernfalls könnte man hier von »Gruppierungswahn« sprechen. Der gelehrte, wahrscheinlich im bürgerlichen Sinne durchaus zurechnungsfähige, vielleicht höchst angesehene Verfasser von »Leben und Wissenschaft in ihren Elementen und Gesetzen«, Würzburg 1842, verrät im Texte dieses Werkes nichts von seiner überwertigen Idee. Allenfalls könnte einen der unverhältnismäßig große Raum stutzig machen, den er in der Abteilung »Anthropologie und Medizin« mit Mustern psychiatrischer Gutachten ausfüllt. Sie stammen offenbar von ihm selber. Wir müssen uns diesen Mann als den Wundarzt redivivus oder eigentlich contemporaneus des Büchnerschen Arztes aus dem »Woyzeck« denken. Ein Blick auf die Tafeln zeigt dann freilich den manischen Charakter dieses Weltbilds.

Wenn auch die Welt des Wahnes, wie die des Wissens, ihre vier Fakultäten hätte, so wären die Werke von Schreber und von Schmidt je ein Kompendium ihrer Theologie und ihrer Weltweisheit. Wir wenden uns nun zur Jurisprudenz. Da greifen wir denn etwa zum »Ganz-Erden-Universal-Staat«. Der opferfreudige Verfasser, der hier eine Regenten-Fibel zum besonderen Gebrauche des »Englischen Königs, London« verfaßt und in innigster Liebe verschiedenen Heiligkeiten, nicht zuletzt »H. P. Blavatsky der Großen und

Deshalb können *gegenwärtig* die Lohnverhältnisse *gutherzig, liebevoll, vernünftig,* und *zweckmäßig-segensreich* nur auf diese Art geregelt werden (selbstverständlich unter noch bedeutend vorteilhafteren und besseren Approvisationsverhältnissen als vor dem Kriege!)

und zwar:

1. Dienende Bürger	....	1000 Kronen
2. Hoffnungs-Bürger	....	1500 Kronen
3. Ehrenbürger mit 4 höheren Volksschulklassen	....	2000 Kronen
4. Ehrenbürger mit Matura	....	3000 Kronen
5. Ehrenbürger mit 2facher Universitätsbildung	....	4000 Kronen
6. Ehrenbürger mit 3f. Univ.b.	......	4500 Kronen
7. Ehrenbürger mit 4f. Univ.b.	......	5000 Kronen
8. Ehrenbürger mit 5f. Univ.b.	......	5500 Kronen
9. Ehrenbürger mit 6f. Univ.b.	......	6000 Kronen
10. Ehrenbürger mit 7f. Univ.b.	......	6500 Kronen
11. Ehrenbürger mit 8f. Univ.b.	......	7000 Kronen
12. Ehrenbürger mit 9f. Univ.b.	......	7500 Kronen
13. Ehrenbürger m. 10f. Univ.b.	......	8000 Kronen
14. Hervorragende Künstler, Komponisten, Maler, Dichter, Erfinder usw. (Ehrenbürger!) sollen jährlich mit einem Ehrenhonorar .... belohnt werden.		9000 Kronen
15. Könige ausnahmsweise	....	10000 Kronen
16. Herren	....	6000 Kronen
17. HErren	....	5000 Kronen
18. HERRen	....	4000 Kronen
19. HERREN (Asketen)	....	3000 Kronen
20. HEILIGE im aktiven Stand	......	2000 Kronen
21. KAISER	....	— Kronen

Gehaltsklassen des »Ganz-Erden-Universal-Staats«.

der Ganzen Theosophischen Gesellschaft« gewidmet hat, mußte sein Werk vermutlich auf eigene Kosten erscheinen lassen. Ein kleiner Gummistempel »Ganz-Erden-Universalstaats-Ausgabe BRNO 2-BRÜNN 2 Postfach 13« und auf dem Deckel die aufgeleimte Etikette eines Kommissionsverlages sind alles, was wir von diesem Werke bibliographisch erfahren. Der Druckvermerk trägt die Jahreszahl 1924.

Einer näheren Charakteristik bedarf es nicht. Wenn je eine Narrheit harmlos war, dann die des slawischen Verfassers, die vom Geist russischer Mönchsvagabunden durchweht ist.

Endlich – ein Dokument der schwersten Psychose: das medizinische Werk, mit dem wir für heute schließen. »Carl Gehrmann, pract. Arzt in Berlin: Körper, Gehirn, Seele, Gott.« Vier Teile in drei Bänden, Berlin 1893. Aus dem vierten Bande, der die Krankengeschichten enthält:

Fall 1. Das geknickte Rohr wird wieder aufgerichtet.

Fall 7. Miterregung der Nubes vom Aër – die Ähre wird zur Binse – die Verkleinerung als Ausgangspunkt der Vervollkommnung zur Heidelbeere – Erregung der Centren »Pneuma« und »Gottesmutter« – Vergißmeinnicht – der Wasserspiegel des Tages des Herrn – die Fissur »Religio – Sehnsucht« betrifft die heimliche Liebe in bezug auf den Kampf.

Fall 13. Rückwirkung des Fußschweißes auf das Sexualsystem und den Atmungsapparat – die Heilung bedeutet die harmonische Entfaltung des Centri »Strümpfe« – der Springbrunnen der Sacramente.

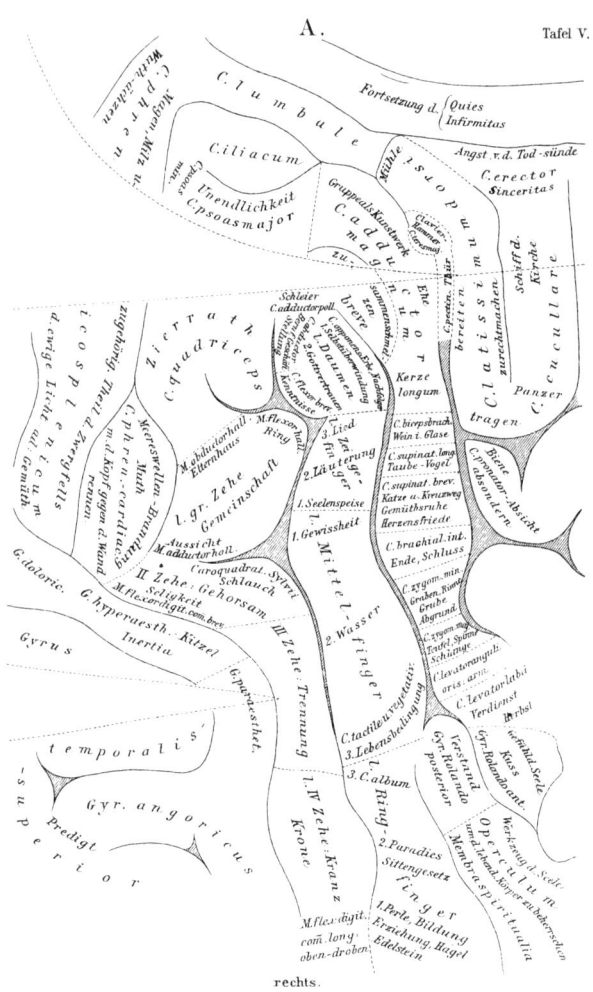

Schema einer Gehirnregion nach Gehrmann:
»Körper, Gehirn, Seele, Gott«.

Fall 30. Das Crucifix hinter dem grünen schleierhaf-
ten Fenstervorhang – *Pneuma und Gottesmutter* – das
abstracte Fenster beherrscht die Voluntas – die Narbe
als Symbol der Frömmigkeit heilt das C. tactile.
Fall 32. Das Mühlrad im Luftballon der Kirche *(die
Johannisbeere)*.
Fall 40. Das Liegen im Waldbache des Segens ist dem
Schlafen im Bett der Kirche homolog – die blaue vom
Licht umflossene Felsenspitze.
Die theologische Medizin, die mit 258 derartigen Fäl-
len illustriert wird, dreht sich im Wesentlichen um die
weibliche Regel und ist auf der Voraussetzung aufgebaut, daß allen Organen, Nerven, Gefäßen, Konstellationen im Körper bestimmte Gehirnregionen entsprechen, auf deren phantastische Namen die Über-
schrift der »Fälle« bezug nimmt. Eines der zahllosen
Schemata, die der Kranke seinem Buche beigegeben
hat, bilden wir ab.
Das Dasein von dergleichen Werken hat etwas Be-
stürzendes. So lange wir gewohnt sind, den Bereich
der Schrift, trotz allem, als einen höheren, geborgene-
ren zu betrachten, ist das Auftreten des Wahnsinns,
der hier mit leiseren Sohlen sich einschleicht als irgend sonst, um so erschreckender. Wie ist er dahin
gelangt? Wie hat er die Paßkontrolle dieses hundert-
torigen Theben, der Stadt der Bücher, umgangen?
Die Druckgeschichte von solchen Werken muß oft so
bizarr wie ihr Inhalt gewesen sein. Heute, könnte man
denken, liegt es anders. Das Interesse an den Erscheinungen des Wahnsinns ist so allgemein wie es immer
war, aber es ist dazu fruchtbarer und legitimer ge-

worden. Schriften von Irren, sollte man vermuten, bekämen heute unschwer einen ordnungsmäßigen Paß. Und doch weiß ich seit Monaten um ein Manuskript, das an menschlichem und literarischem Gehalt dem Buche von Schreber mindestens gleichkommt, an Faßlichkeit es weit übertrifft, und dem dennoch einen angesehenen Verlag zu gewinnen so schwierig wie je scheint. Wenn dieser allzu kurze Hinweis ein Interesse dafür erregen könnte, wenn diese allzu kurzen Auszüge den Leser veranlassen könnten, Plakaten, Flugblättern von Irren, erhöhte Aufmerksamkeit zuzuwenden, wäre der doppelte Zweck dieser Zeilen erfüllt.

Kleine Geschichte der Photographie

Der Nebel, der über den Anfängen der Photographie
liegt, ist nicht ganz so dicht wie jener, der über den
Beginn des Buchdrucks sich lagert; kenntlicher vielleicht als für diesen ist, daß die Stunde für die Erfindung gekommen war und von mehr als einem ver-
spürt wurde; Männern, die unabhängig voneinander
dem gleichen Ziele zustrebten: die Bilder in der camera obscura, die spätestens seit Leonardo bekannt
waren, festzuhalten. Als das nach ungefähr fünfjähri-
gen Bemühungen Niépce und Daguerre zu gleicher
Zeit geglückt war, griff der Staat, begünstigt durch
patentrechtliche Schwierigkeiten, auf die die Erfinder
stießen, die Sache auf und machte sie unter deren
Schadloshaltung zu einer öffentlichen. Damit waren
die Bedingungen einer fortdauernd beschleunigten
Entwicklung gegeben, die für lange Zeit jeden Rückblick ausschloß. So kommt es, daß die historischen
oder, wenn man will, philosophischen Fragen, die
Aufstieg und Verfall der Photographie nahelegen,
jahrzehntelang unbeachtet geblieben sind. Und wenn
sie heute beginnen, ins Bewußtsein zu treten, so hat
das einen genauen Grund. Die jüngste Literatur
schließt an den auffallenden Tatbestand an, daß die
Blüte der Photographie die Wirksamkeit der Hill und
Cameron, der Hugo und Nadar – in ihr erstes Jahrzehnt fällt. Das ist nun aber das Jahrzehnt, welches ihrer Industrialisierung vorausging. Nicht als ob nicht
bereits in dieser Frühzeit Marktschreier und Scharla-

tane der neuen Technik aus Erwerbsgründen sich bemächtigt hätten; sie taten das sogar massenweise. Aber das stand den Künsten des Jahrmarkts, auf dem die Photographie ja bis heute heimisch gewesen ist, näher als der Industrie. Die eroberte sich das Feld erst mit der Visitkarten-Aufnahme, deren erster Hersteller bezeichnenderweise zum Millionär wurde. Es wäre nicht zu verwundern, wenn die photographischen Praktiken, die heut zum erstenmal den Blick auf jene vorindustrielle Blütezeit zurücklenken, in unterirdischem Zusammenhang mit der Erschütterung der kapitalistischen Industrie stünden. Darum jedoch ist es um nichts leichter, den Reiz der Bilder, die in den schönen jüngst erschienenen Publikationen alter Photographie[1] vorliegen, für wirkliche Einsichten in deren Wesen nutzbar zu machen. Überaus rudimentär sind die Versuche, der Sache theoretisch Herr zu werden. Und so viele Debatten im vorigen Jahrhundert über sie geführt wurden, im Grunde haben sie sich nicht von dem skurrilen Schema freigemacht, mit dem ein chauvinistisches Blättchen, der »Leipziger Anzeiger«, glaubte, beizeiten der französischen Teufelskunst entgegentreten zu müssen. »Flüchtige Spiegelbilder festhalten zu wollen, heißt es da, dies ist nicht bloß ein Ding der Unmöglichkeit, wie es sich nach gründlicher deutscher Untersuchung herausgestellt hat, sondern schon der Wunsch, dies zu wollen, ist eine Gotteslästerung. Der Mensch ist nach dem Ebenbilde Gottes geschaffen und Gottes Bild kann durch keine menschliche Maschine festgehalten werden. Höchstens der göttliche Künstler darf, begeistert von himmlischer Eingebung, es wagen, die gottmenschlichen Züge, im Augenblick höchster Weihe, auf den höheren Befehl seines Genius, ohne jede Maschinenhilfe wiederzugeben.« Hier tritt mit dem Schwergewicht seiner Plumpheit der Banausenbegriff von der »Kunst« auf, dem jede technische Erwägung fremd ist und welcher mit dem provozierenden Erscheinen der neuen Technik sein Ende gekommen fühlt. Demungeachtet ist es dieser fetischistische, von Grund auf antitechnische Begriff von Kunst, mit dem die Theoretiker der Photographie fast hundert Jahre lang die Auseinandersetzung suchten, natürlich ohne zum geringsten Ergebnis zu kommen. Denn sie unternahmen nichts anderes, als den Photographen vor eben jenem Richterstuhl zu beglaubigen, den er umwarf. Da weht eine ganz andere Luft aus dem Exposé, mit dem der Physiker Arago als Fürsprecher der Daguerreschen Erfindung am 3. Juli 1839 vor die Kammer der Deputierten trat. Es ist das Schöne an dieser Rede, wie sie an alle Seiten menschlicher Tätigkeit den Anschluß findet. Das Panorama, das sie entwirft, ist groß genug, um die zweifelhafte Beglaubigung der Photographie vor der Malerei, die auch in ihm nicht fehlt, belanglos erscheinen, vielmehr die Ahnung von der wirklichen Tragweite der Erfindung sich entfalten zu lassen. »Wenn Erfinder eines neuen Instrumentes«, sagt Arago, »dieses zur Beobachtung der Natur anwenden, so ist das, was sie davon gehofft haben, immer eine Kleinigkeit im Vergleich zu der Reihe nachfolgender Entdeckungen, wovon das Instrument der

Ursprung war.« In großem Bogen umspannt diese Rede das Gebiet der neuen Technik von der Astrophysik bis zur Philologie: neben dem Ausblick auf die Sternphotographie steht die Idee, ein corpus der ägyptischen Hieroglyphen aufzunehmen.

Daguerres Lichtbilder waren jodierte und in der camera obscura belichtete Silberplatten, die hin- und hergewendet sein wollten, bis man in richtiger Beleuchtung ein zartgraues Bild darauf erkennen konnte. Sie waren unica; im Durchschnitt bezahlte man im Jahre 1839 für eine Platte 25 Goldfrank. Nicht selten wurden sie wie Schmuck in Etuis verwahrt. In der Hand mancher Maler aber verwandelten sie sich in technische Hilfsmittel. Wie siebzig Jahre später Utrillo seine faszinierenden Ansichten von den Häusern der Bannmeile von Paris nicht nach der Natur, sondern nach Ansichtskarten verfertigte, so legte der geschätzte englische Porträtmaler David Octavius Hill seinem Fresko der ersten Generalsynode der schottischen Kirche im Jahre 1843 eine große Reihe von Porträtaufnahmen zugrunde. Diese Aufnahmen aber machte er selbst. Und sie, anspruchslose, zum internen Gebrauch bestimmte Behelfe, sind es, die seinem Namen die historische Stelle geben, während er als Maler verschollen ist. Freilich führen tiefer noch als die Reihen dieser Porträtköpfe in die neue Technik einige Studien ein: namenlose Menschenbilder, nicht Porträts. Solche Köpfe gab es längst auf Gemälden. Blieben sie im Familienbesitz, fragte man hin und wieder noch nach den Dargestellten. Nach zwei, drei Generationen aber ist dies Interesse verstummt: die

Der Photograph Karl Dauthendey, der Vater des Dichters,
und seine Braut
Photo Karl Dauthendey

Bilder, soweit sie dauern, tun es nur als Zeugnis für die Kunst dessen, der sie gemalt hat. Bei der Photographie aber begegnet man etwas Neuem und Sonderbarem: in jenem Fischweib aus New Haven, das mit so lässiger, verführerischer Scham zu Boden blickt, bleibt etwas, was im Zeugnis für die Kunst des Photographen Hill nicht aufgeht, etwas, was nicht zum Schweigen zu bringen ist, ungebärdig nach dem Namen derer verlangend, die da gelebt hat, die auch hier noch wirklich ist und niemals gänzlich in die »Kunst« wird eingehen wollen. »Und ich frage: wie hat dieser haare zier | Und dieses blickes die früheren wesen umzingelt! | Wie dieser mund hier geküßt zu dem die begier | Sinnlos hinan als rauch ohne flamme sich ringelt!« Oder man schlägt das Bild von Dauthendey, dem Photographen, auf, dem Vater des Dichters, aus der Zeit des Brautstands mit jener Frau, die er dann eines Tages, kurz nach der Geburt ihres sechsten Kindes, im Schlafzimmer seines Moskauer Hauses mit durchschnittenen Pulsadern liegen fand. Sie ist hier neben ihm zu sehen, er scheint sie zu halten; ihr Blick aber geht an ihm vorüber, saugend an eine unheilvolle Ferne geheftet. Hat man sich lange genug in so ein Bild vertieft, erkennt man, wie sehr auch hier die Gegensätze sich berühren: die exakteste Technik kann ihren Hervorbringungen einen magischen Wert geben, wie für uns ihn ein gemaltes Bild nie mehr besitzen kann. Aller Kunstfertigkeit des Photographen und aller Planmäßigkeit in der Haltung seines Modells zum Trotz fühlt der Beschauer unwiderstehlich den Zwang, in solchem Bild das winzige Fünkchen Zufall, Hier und Jetzt, zu suchen, mit dem die Wirklichkeit den Bildcharakter gleichsam durchgesengt hat, die unscheinbare Stelle zu finden, in welcher, im Sosein jener längstvergangenen Minute das Künftige noch heut und so beredt nistet, daß wir, rückblickend, es entdecken können. Es ist ja eine andere Natur, welche zur Kamera als welche zum Auge spricht; anders vor allem so, daß an die Stelle eines vom Menschen mit Bewußtsein durchwirkten Raums ein unbewußt durchwirkter tritt. Ist es schon üblich, daß einer, beispielsweise, vom Gang der Leute, sei es auch nur im groben, sich Rechenschaft gibt, so weiß er bestimmt nichts mehr von ihrer Haltung im Sekundenbruchteil des »Ausschreitens«. Die Photographie mit ihren Hilfsmitteln: Zeitlupen, Vergrößerungen erschließt sie ihm. Von diesem Optisch-Unbewußten erfährt er erst durch sie, wie von dem Triebhaft-Unbewußten durch die Psychoanalyse. Strukturbeschaffenheiten, Zellgewebe, mit denen Technik, Medizin zu rechnen pflegen – all dieses ist der Kamera ursprünglich verwandter als die stimmungsvolle Landschaft oder das seelenvolle Porträt. Zugleich aber eröffnet die Photographie in diesem Material die physiognomischen Aspekte, Bildwelten, welche im Kleinsten wohnen, deutbar und verborgen genug, um in Wachträumen Unterschlupf gefunden zu haben, nun aber, groß und formulierbar wie sie geworden sind, die Differenz von Technik und Magie als durch und durch historische Variable ersichtlich zu machen. So hat Bloßfeldt[2] mit seinen erstaunlichen Pflanzenphotos in Schachtelhalmen älteste Säulenformen, im Straußfarn den Bischofsstab, im zehnfach vergrößerten Kastanien- und Ahornsproß Totembäume, in der Weberkarde gotisches Maßwerk zum Vorschein gebracht. Darum sind wohl auch die Modelle eines Hill nicht weit von der Wahrheit entfernt gewesen, wenn ihnen »das Phänomen der Photographie« noch »ein großes geheimnisvolles Erlebnis« war; mag das für sie auch nichts als das Bewußtsein gewesen sein, »vor einem Apparat zu stehen, der in kürzester Zeit ein Bild der sichtbaren Umwelt erzeugen konnte, das so lebendig und wahrhaft wirkte wie die Natur selbst.« Man hat von der Kamera Hills gesagt, daß sie diskrete Zurückhaltung wahre. Seine Modelle ihrerseits sind aber nicht weniger reserviert; sie behalten eine gewisse Scheu vor dem Apparat, und der Leitsatz eines späteren Photographen aus der Blütezeit: »Sieh nie in die Kamera« könnte aus ihrem Verhalten abgeleitet sein. Doch war damit nicht jenes »sehen *dich* an« von Tieren, Menschen oder Babys gemeint, das den Käufer auf so unsaubere Weise einmengt und dem nichts besseres entgegenzusetzen ist als die Wendung, mit welcher der alte Dauthendey von der Daguerreotypie spricht: »Man getraute sich . . . zuerst nicht, so berichtete er, die ersten Bilder, die er anfertigte, lange anzusehen. Man scheute sich vor der Deutlichkeit der Menschen und glaubte, daß die kleinen winzigen Gesichter der Personen, die auf dem Bilde waren, einen selbst sehen könnten, so verblüffend wirkte die ungewohnte Deutlichkeit und die ungewohnte Naturtreue der ersten Daguerreotypbilder auf jeden.«

Fischweib aus Newhaven
Photo David Octavius Hill

Diese ersten reproduzierten Menschen traten in den Blickraum der Photographie unbescholten oder besser gesagt unbeschriftet. Noch waren Zeitungen Luxusgegenstände, die man selten käuflich erwarb, eher in Caféhäusern einsah, noch war das photographische Verfahren nicht zu ihrem Werkzeug geworden, noch sahen die wenigsten Menschen ihren Namen gedruckt. Das menschliche Antlitz hatte ein Schweigen um sich, in dem der Blick ruhte. Kurz, alle Möglichkeiten dieser Porträtkunst beruhen darauf, daß noch die Berührung zwischen Aktualität und Photo nicht eingetreten ist. Auf dem Edinburgher Friedhof von Greyfriars sind viele Bildnisse Hills entstanden – nichts ist für diese Frühzeit bezeichnender, es sei denn, wie die Modelle auf ihm zu Hause waren. Und wirklich ist dieser Friedhof nach einem Bilde, das Hill gemacht hat, selbst wie ein Interieur, ein abgeschiedener, eingehegter Raum, wo, an Brandmauern gelehnt, aus dem Grasboden Grabmäler aufsteigen, die, ausgehöhlt wie Kamine, in ihrem Innern Schriftzüge statt der Flammenzungen zeigen. Nie aber hätte dies Lokal zu seiner großen Wirkung kommen können, wäre seine Wahl nicht technisch begründet gewesen. Geringere Lichtempfindlichkeit der frühen Platten machte eine lange Belichtung im Freien erforderlich. Diese wiederum ließ es wünschenswert scheinen, den Aufzunehmenden in möglichster Abgeschiedenheit an einem Orte unterzubringen, wo ruhiger Sammlung nichts im Wege stand. »Die Synthese des Ausdruckes, die durch das lange Stillhalten des Modells erzwungen wird, sagt Orlik von der frühen Photographie, ist der Hauptgrund, weshalb diese Lichtbilder neben ihrer Schlichtheit gleich guten gezeichneten oder gemalten Bildnissen eine eindringlichere und länger andauernde Wirkung auf den Beschauer ausüben als neuere Photographien.« Das Verfahren selbst veranlaßte die Modelle, nicht aus dem Augenblick heraus, sondern in ihn hinein zu leben; während der langen Dauer dieser Aufnahmen wuchsen sie gleichsam in das Bild hinein und traten so in den entschiedensten Kontrast zu den Erscheinungen auf einer Momentaufnahme, die jener veränderten Umwelt entspricht, in der es, wie Kracauer treffend bemerkt hat, von demselben Bruchteil einer Sekunde, den die Belichtung dauert, abhängt, »ob ein Sportsmann so berühmt wird, daß ihn im Auftrag der Illustrierten die Photographen belichten«. Alles an diesen frühen Bildern war angelegt zu dauern; nicht nur die unvergleichlichen Gruppen, zu denen die Leute zusammentraten – und deren Verschwinden gewiß eins der präzisesten Symptome dessen war, was in der zweiten Hälfte des Jahrhunderts in der Gesellschaft vorging – selbst die Falten, die ein Gewand auf diesen Bildern wirft, halten länger. Man betrachte nur Schellings Rock; der kann recht zuversichtlich mit in die Unsterblichkeit hinübergehen; die Formen, die er an seinem Träger annahm, sind der Falten in dessen Antlitz nicht unwert. Kurz, alles spricht dafür, Bernard von Brentano habe mit seiner Vermutung recht, »daß ein Photograph von 1850 auf der gleichen Höhe mit seinem Instrument stand« – zum ersten- und für lange zum letztenmal.

Man muß im übrigen, um sich die gewaltige Wirkung der Daguerreotypie im Zeitalter ihrer Entdeckung ganz gegenwärtig zu machen, bedenken, daß die Pleinairmalerei damals den vorgeschrittensten unter den Malern ganz neue Perspektiven zu entdecken begonnen hatte. Im Bewußtsein, daß gerade in dieser Sache die Photographie von der Malerei die Stafette zu übernehmen habe, heißt es denn auch bei Arago im historischen Rückblick auf die frühen Versuche Giovanni Battista Portas ausdrücklich: »Was die Wirkung betrifft, welche von der unvollkommenen Durchsichtigkeit unserer Atmosphäre abhängt (und welche man durch den uneigentlichen Ausdruck ›Luftperspektive‹ charakterisiert hat), so hoffen selbst die geübten Maler nicht, daß die camera obscura« – will sagen das Kopieren der in ihr erscheinenden Bilder – »ihnen dazu behilflich sein könnte, dieselben mit Genauigkeit hervorzubringen.« Im Augenblick, da es Daguerre geglückt war, die Bilder der camera obscura zu fixieren, waren die Maler an diesem Punkte vom Techniker verabschiedet worden. Das eigentliche Opfer der Photographie aber wurde nicht die Landschaftsmalerei, sondern die Porträtminiatur. Die Dinge entwickelten sich so schnell, daß schon um 1840 die meisten unter den zahllosen Miniaturmalern Berufsphotographen wurden, zunächst nur nebenher, bald aber ausschließlich. Dabei kamen ihnen die Erfahrungen ihrer ursprünglichen Brotarbeit zustatten, und nicht ihre künstlerische, sondern ihre handwerkliche Vorbildung ist es, der man das hohe Niveau ihrer photographischen Leistungen zu ver-

Der Philosoph Schelling
Unbekannter deutscher Photograph, um 1850

danken hat. Sehr allmählich verschwand diese Generation des Übergangs; ja es scheint eine Art von biblischem Segen auf jenen ersten Photographen geruht zu haben: die Nadar, Stelzner, Pierson, Bayard sind alle an die Neunzig oder Hundert herangerückt. Schließlich aber drangen von überallher Geschäftsleute in den Stand der Berufsphotographen ein, und als dann späterhin die Negativretusche, mit welcher der schlechte Maler sich an der Photographie rächte, allgemein üblich wurde, setzte ein jäher Verfall des Geschmacks ein. Das war die Zeit, da die Photographiealben sich zu füllen begannen. An den frostigsten Stellen der Wohnung, auf Konsolen oder Gueridons im Besuchszimmer, fanden sie sich am liebsten: Lederschwarten mit abstoßenden Metallbeschlägen und den fingerdicken goldumrandeten Blättern, auf denen närrisch drapierte oder verschnürte Figuren – Onkel Alex und Tante Riekchen, Trudchen wie sie noch klein war, Papa im ersten Semester – verteilt waren und endlich, um die Schande voll zu machen, wir selbst: als Salontiroler, jodelnd, den Hut gegen gepinselte Firnen schwingend, oder als adretter Matrose, Standbein und Spielbein, wie es sich gehört, gegen einen polierten Pfosten gelehnt. Noch erinnert die Staffage solcher Porträts mit ihren Postamenten, Balustraden und ovalen Tischchen an die Zeit, da man der langen Expositionsdauer wegen den Modellen Stützpunkte geben mußte, damit sie fixiert blieben. Hatte man anfangs mit »Kopfhalter« oder »Kniebrille« sich begnügt, so folgte bald »weiteres Beiwerk, wie es in berühmten Gemälden vorkam und darum ›künstlerisch‹ sein mußte. Zunächst war es die Säule und der Vorhang«. Gegen diesen Unfug mußten sich fähigere Männer schon in den sechziger Jahren wenden. So heißt es damals in einem englischen Fachblatt: »In gemalten Bildern hat die Säule einen Schein von Möglichkeit, die Art aber, wie sie in der Photographie angewendet wird, ist absurd; denn sie steht gewöhnlich auf einem Teppich. Nun wird aber jedermann überzeugt sein, daß Marmor- oder Steinsäulen nicht mit einem Teppich als Fundament aufgebaut werden.« Damals sind jene Ateliers mit ihren Draperien und Palmen, Gobelins und Staffeleien entstanden, die so zweideutig zwischen Exekution und Repräsentation, Folterkammer und Thronsaal schwankten und aus denen ein erschütterndes Zeugnis ein frühes Bildnis von Kafka bringt. Da steht in einem engen, gleichsam demütigenden, mit Posamenten überladenen Kinderanzug der ungefähr sechsjährige Knabe in einer Art von Wintergartenlandschaft. Palmenwedel starren im Hintergrund. Und als gelte es, diese gepolsterten Tropen noch stickiger und schwüler zu machen, trägt das Modell in der Linken einen unmäßig großen Hut mit breiter Krempe, wie ihn Spanier haben. Gewiß, daß es in diesem Arrangement verschwände, wenn nicht die unermeßlich traurigen Augen diese ihnen vorbestimmte Landschaft beherrschen würden.

Dies Bild in seiner uferlosen Trauer ist ein Pendant der frühen Photographie, auf welcher die Menschen noch nicht abgesprengt und gottverloren in die Welt sahen wie hier der Knabe. Es war eine Aura um sie, ein Medium, das ihrem Blick, indem er es durchdringt, die Fülle und die Sicherheit gibt. Und wieder liegt das technische Äquivalent davon auf der Hand; es besteht in dem absoluten Kontinuum von hellstem Licht zu dunkelstem Schatten. Auch hier bewährt sich im übrigen das Gesetz der Vorverkündung neuerer Errungenschaften in älterer Technik, indem die ehemalige Porträtmalerei vor ihrem Niedergange eine einzigartige Blüte der Schabkunst heraufgeführt hatte. Freilich handelte es sich in diesem Schabkunstverfahren um eine Reproduktionstechnik, wie sie sich mit der neuen photographischen erst später vereinigte. Wie auf Schabkunstblättern ringt sich bei einem Hill mühsam das Licht aus dem Dunkel: Orlik spricht von der durch die lange Expositionsdauer veranlaßten »zusammenfassenden Lichtführung«, die »diesen früheren Lichtbildern ihre Größe« gibt. Und unter den Zeitgenossen der Erfindung bemerkte schon Delaroche den früher »nie erreichten, köstlichen, in nichts die Ruhe der Massen störenden« allgemeinen Eindruck. Soviel vom technischen Bedingtsein der auratischen Erscheinung. Besonders manche Gruppenaufnahmen halten ein beschwingtes Miteinander noch einmal fest, wie es hier für eine kurze Spanne auf der Platte erscheint, bevor es an der »Originalaufnahme« zugrunde geht. Es ist dieser Hauchkreis, der schön und sinnvoll bisweilen durch die nunmehr altmodische ovale Form des Bildausschnitts umschrieben wird. Darum heißt es diese Inkunabeln der Photographie mißdeuten, in ihnen die »künstlerische Vollendung« oder den »Geschmack« zu betonen.

Bildnis Robert Bryson
Photo David Octavius Hill

Diese Bilder sind in Räumen entstanden, in denen jedem Kunden im Photographen vorab ein Techniker nach der neuesten Schule entgegentrat, dem Photographen aber in jedem Kunden der Angehörige einer im Aufstieg befindlichen Klasse mit einer Aura, die bis in die Falten des Bürgerrocks oder der Lavallière sich eingenistet hatte. Denn das bloße Erzeugnis einer primitiven Kamera ist jene Aura ja nicht. Vielmehr entsprechen sich in jener Frühzeit Objekt und Technik genau so scharf, wie sie in der anschließenden Verfallsperiode auseinandertreten. Bald nämlich verfügte eine fortgeschrittene Optik über Instrumente, die das Dunkel ganz überwanden und die Erscheinungen spiegelhaft aufzeichneten. Die Photographen jedoch sahen in der Zeit nach 1880 ihre Aufgabe vielmehr darin, die Aura, die von Hause aus mit der Verdrängung des Dunkels durch lichtstärkere Objektive aus dem Bilde genau so verdrängt wurde wie durch die zunehmende Entartung des imperialistischen Bürgertums aus der Wirklichkeit – sie sahen es als ihre Aufgabe an, diese Aura durch alle Künste der Retusche, insbesondere jedoch durch sogenannte Gummidrucke vorzutäuschen. So wurde, zumal im Jugendstil, ein schummeriger Ton, von künstlichen Reflexen unterbrochen, Mode; dem Zwielicht zum Trotz aber zeichnete immer klarer eine Pose sich ab, deren Starrheit die Ohnmacht jener Generation im Angesicht des technischen Fortschritts verriet.

Und doch ist, was über die Photographie entscheidet, immer wieder das Verhältnis des Photographen zu seiner Technik. Camille Recht hat es in einem hübschen Bilde gekennzeichnet. »Der Geigenspieler, sagt er, muß den Ton erst bilden, muß ihn suchen, blitzschnell finden, der Klavierspieler schlägt die Taste an: der Ton erklingt. Das Instrument steht dem Maler wie dem Photographen zur Verfügung. Zeichnung und Farbengebung des Malers entsprechen der Tonbildung des Geigenspiels, der Photograph hat mit dem Klavierspieler das Maschinelle voraus, das einschränkenden Gesetzen unterworfen ist, die dem Geiger lange nicht den gleichen Zwang auferlegen. Kein Paderewski wird jemals den Ruhm ernten, den beinahe sagenhaften Zauber ausüben, den ein Paganini geerntet, den er ausgeübt hat.« Es gibt aber, um im Bilde zu bleiben, einen Busoni der Photographie, und der ist Atget. Beide waren Virtuosen, zugleich aber Vorläufer. Das beispiellose Aufgehen in der Sache, verbunden mit der höchsten Präzision, ist ihnen gemeinsam. Sogar in ihren Zügen gibt es Verwandtes. Atget war ein Schauspieler, der, angewidert vom Betrieb, die Maske abwischte und dann daran ging, auch die Wirklichkeit abzuschminken. Arm und unbekannt lebte er in Paris, seine Photographien schlug er an Liebhaber los, die kaum weniger exzentrisch sein konnten als er, und vor kurzem ist er, unter Hinterlassung eines œuvre von mehr als viertausend Bildern, gestorben. Berenice Abbot aus New York hat diese Blätter gesammelt, und eine Auswahl von ihnen erscheint soeben in einem hervorragend schönen Bande[3], den Camille Recht herausgegeben hat. Die zeitgenössische Publizistik »wußte nichts von dem Mann, der mit seinen Bildern zumeist in den Ateliers herumzog, sie für wenige Groschen verschleuderte, oft nur für den Preis einer dieser Ansichtskarten, wie sie um 1900 herum die Städtebilder so schön zeigten, in blaue Nacht getaucht, mit retuschiertem Mond. Er hat den Pol höchster Meisterschaft erreicht; aber in der verbissenen Bescheidenheit eines großen Könners, der immer im Schatten lebt, hat er es unterlassen, seine Fahne dort aufzupflanzen. So kann mancher glauben, den Pol entdeckt zu haben, den Atget schon vor ihm betreten hat.« In der Tat: Atgets Pariser Photos sind die Vorläufer der surrealistischen Photographie; Vortrupps der einzigen wirklich breiten Kolonne, die der Surrealismus hat in Bewegung setzen können. Als erster desinfiziert er die stickige Atmosphäre, die die konventionelle Porträtphotographie der Verfallsepoche verbreitet hat. Er reinigt diese Atmosphäre, ja bereinigt sie: er leitet die Befreiung des Objekts von der Aura ein, die das unbezweifelbarste Verdienst der jüngsten Photographenschule ist.

Wenn »Bifur« oder »Variété«, Zeitschriften der Avantgarde, unter der Beschriftung »Westminster«, »Lille«, »Antwerpen« oder »Breslau« nur Details bringen, einmal ein Stück von einer Balustrade, dann einen kahlen Wipfel, dessen Äste vielfältig eine Gaslaterne überschneiden, ein andermal eine Brandmauer oder einen Kandelaber mit einem Rettungsring, auf dem der Name der Stadt steht, so sind das nichts als literarische Pointierungen von Motiven, die Atget entdeckte. Er suchte das Verschollene und Verschlagene, und so wenden auch solche Bilder sich gegen den

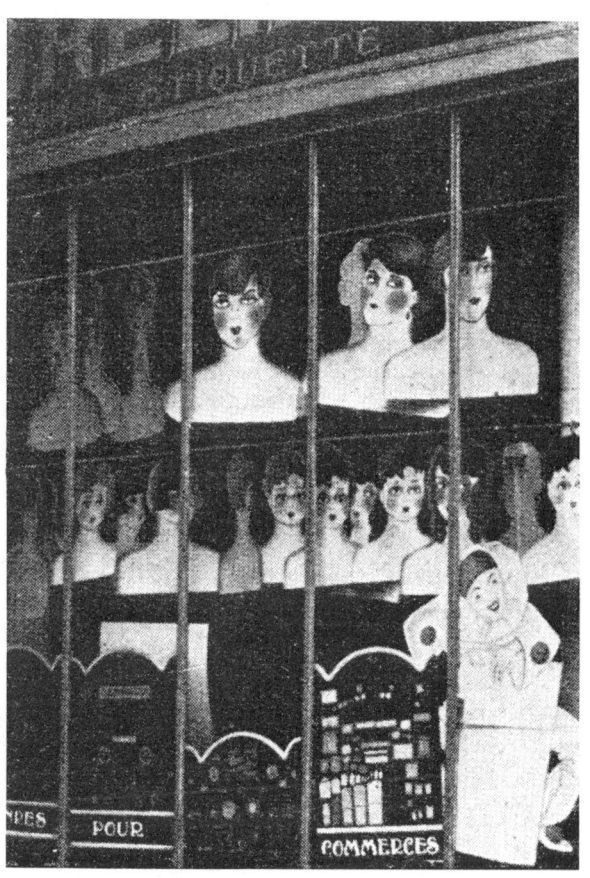

Photo Germaine Krull

exotischen, prunkenden, romantischen Klang der Stadtnamen; sie saugen die Aura aus der Wirklichkeit wie Wasser aus einem sinkenden Schiff. – Was ist eigentlich Aura? Ein sonderbares Gespinst von Raum und Zeit: einmalige Erscheinung einer Ferne, so nah sie sein mag. An einem Sommermittag ruhend einem Gebirgszug am Horizont oder einem Zweig folgen, der seinen Schatten auf den Betrachter wirft, bis der Augenblick oder die Stunde Teil an ihrer Erscheinung hat – das heißt die Aura dieser Berge, dieses Zweiges atmen. Nun ist, die Dinge sich, vielmehr den Massen »näherzubringen«, eine genau so leidenschaftliche Neigung der Heutigen, wie die Überwindung des Einmaligen in jeder Lage durch deren Reproduzierung. Tagtäglich macht sich unabweisbarer das Bedürfnis geltend, des Gegenstands aus nächster Nähe im Bild, vielmehr im Abbild habhaft zu werden. Und unverkennbar unterscheidet sich das Abbild, wie illustrierte Zeitung und Wochenschau es in Bereitschaft halten, vom Bilde. Einmaligkeit und Dauer sind in diesem so eng verschränkt wie Flüchtigkeit und Wiederholbarkeit in jenem. Die Entschälung des Gegenstands aus seiner Hülle, die Zertrümmerung der Aura ist die Signatur einer Wahrnehmung, deren Sinn für alles Gleichartige auf der Welt so gewachsen ist, daß sie es mittels der Reproduktion auch dem Einmaligen abgewinnt. Atget ist »an den großen Sichten und an den sogenannten Wahrzeichen« fast immer vorübergegangen; nicht aber an einer langen Reihe von Stiefelleisten; nicht an den Pariser Höfen, wo von abends bis morgens die Handwa-

gen in Reih und Glied stehen; nicht an den abgegesse-
nen Tischen und den unaufgeräumten Waschgeschir-
ren, wie sie zu gleicher Zeit zu Hunderttausenden da
sind; nicht am Bordell rue ... no 5, dessen Fünf an
vier verschiedenen Stellen der Fassade riesengroß erscheint. Merkwürdigerweise sind aber fast alle diese
Bilder leer. Leer die Porte d'Arcueil an den fortifs, leer
die Prunktreppen, leer die Höfe, leer die Caféhauster-
rassen, leer, wie es sich gehört, die Place du Tertre. Sie
sind nicht einsam, sondern stimmungslos; die Stadt
auf diesen Bildern ist ausgeräumt wie eine Wohnung,
die noch keinen neuen Mieter gefunden hat. Diese
Leistungen sind es, in denen die surrealistische Photographie eine heilsame Entfremdung zwischen
Umwelt und Mensch vorbereitet. Sie macht dem po-
litisch geschulten Blick das Feld frei, dem alle Inti-
mitäten zugunsten der Erhellung des Details fallen.
Auf der Hand liegt, daß dieser neue Blick am wenigsten da einzuheimsen hat, wo man sich sonst am läß-
lichsten erging: in der entgeltlichen, repräsentativen
Porträtaufnahme. Andererseits ist der Verzicht auf
den Menschen für die Photographie der unvollzieh-
barste unter allen. Und wer es nicht gewußt hat, den
haben die besten Russenfilme es gelehrt, daß auch Mi-
lieu und Landschaft unter den Photographen erst dem
sich erschließen, der sie in der namenlosen Erscheinung, die sie im Antlitz haben, aufzufassen weiß. Jedoch die Möglichkeit davon ist wieder in hohem
Grad bedingt durch den Aufgenommenen. Die Generation, die nicht darauf versessen war, in Aufnahmen
auf die Nachwelt zu kommen, eher im Angesicht sol-

cher Veranstaltungen sich etwas scheu in ihren Lebensraum zurückzog – wie Schopenhauer auf dem Frankfurter Bilde um 1850 in die Tiefen des Sessels –, eben darum aber diesen Lebensraum mit auf die Platte gelangen ließ: diese Generation hat ihre Tugenden nicht vererbt. Da gab zum erstenmal seit Jahrzehnten der Spielfilm der Russen Gelegenheit, Menschen vor der Kamera erscheinen zu lassen, die für ihr Photo keine Verwendung haben. Und augenblicklich trat das menschliche Gesicht mit neuer, unermeßlicher Bedeutung auf die Platte. Aber es war kein Porträt mehr. Was war es? Es ist das eminente Verdienst eines deutschen Photographen, diese Frage beantwortet zu haben. August Sander[4] hat eine Reihe von Köpfen zusammengestellt, die der gewaltigen physiognomischen Galerie, die ein Eisenstein oder Pudowkin eröffnet haben, in gar nichts nachsteht, und er tat es unter wissenschaftlichem Gesichtspunkt. »Sein Gesamtwerk ist aufgebaut in sieben Gruppen, die der bestehenden Gesellschaftsordnung entsprechen, und soll in etwa 45 Mappen zu je 12 Lichtbildern veröffentlicht werden.« Bisher liegt davon ein Auswahlband mit 60 Reproduktionen vor, die unerschöpflichen Stoff zur Betrachtung bieten. »Sander geht vom Bauern, dem erdgebundenen Menschen aus, führt den Betrachter durch alle Schichten und Berufsarten bis zu den Repräsentanten der höchsten Zivilisation und abwärts bis zum Idioten.« Der Autor ist an diese ungeheure Aufgabe nicht als Gelehrter herangetreten, nicht von Rassentheoretikern oder Sozialforschern beraten, sondern, wie der Verlag sagt, »aus der un-

Photo Germaine Krull

mittelbaren Beobachtung«. Sie ist bestimmt eine sehr vorurteilslose, ja kühne, zugleich aber auch zarte gewesen, nämlich im Sinn des Goethischen Wortes: »Es gibt eine zarte Empirie, die sich mit dem Gegenstand innigst identisch macht und dadurch zur eigentlichen Theorie wird.« Demnach ist es ganz in der Ordnung, daß ein Betrachter wie Döblin gerade auf die wissenschaftlichen Momente in diesem Werk gestoßen ist und bemerkt: »Wie es eine vergleichende Anatomie gibt, aus der man erst zu einer Auffassung der Natur und der Geschichte der Organe kommt, so hat dieser Photograph vergleichende Photographie getrieben und hat damit einen wissenschaftlichen Standpunkt oberhalb der Detailphotographen gewonnen.« Es wäre ein Jammer, wenn die wirtschaftlichen Verhältnisse die weitere Veröffentlichung dieses außerordentlichen corpus verhinderten. Dem Verlag aber kann man neben dieser grundsätzlichen noch eine genauere Aufmunterung zuteil werden lassen. Über Nacht könnte Werken wie dem von Sander eine unvermutete Aktualität zuwachsen. Machtverschiebungen, wie sie bei uns fällig geworden sind, pflegen die Ausbildung, Schärfung der physiognomischen Auffassung zur vitalen Notwendigkeit werden zu lassen. Man mag von rechts kommen oder von links – man wird sich daran gewöhnen müssen, darauf angesehen zu werden, woher man kommt. Man wird es, seinerseits, den andern anzusehen haben. Sanders Werk ist mehr als ein Bildbuch: ein Übungsatlas.

»Es gibt in unserem Zeitalter kein Kunstwerk, das so aufmerksam betrachtet würde, wie die Bildnisphotographie des eigenen Selbst, der nächsten Verwandten und Freunde, der Geliebten«, hat schon im Jahre 1907 Lichtwark geschrieben und damit die Untersuchung aus dem Bereich ästhetischer Distinktionen in den sozialer Funktionen gerückt. Nur von hier aus kann sie weiter vorstoßen. Es ist ja bezeichnend, daß die Debatte sich da am meisten versteift hat, wo es um die Ästhetik der »Photographie als Kunst« ging, indes man beispielsweise dem soviel fragloseren sozialen Tatbestand der »Kunst als Photographie« kaum einen Blick gönnte. Und doch ist die Wirkung der photographischen Reproduktion von Kunstwerken für die Funktion der Kunst von sehr viel größerer Wichtigkeit als die mehr oder minder künstlerische Gestaltung einer Photographie, der das Erlebnis zur »Kamerabeute« wird. In der Tat ist der heimkehrende Amateur mit seiner Unzahl künstlerischer Originalaufnahmen nicht erfreulicher als ein Jäger, der vom Anstand mit Massen von Wild zurückkommt, die nur für den Händler verwertbar sind. Und wirklich scheint der Tag vor der Tür zu stehen, da es mehr illustrierte Blätter als Wild- und Geflügelhandlungen geben wird. Soviel vom »Knipsen«. Doch die Akzente springen völlig um, wendet man sich von der Photographie als Kunst zur Kunst als Photographie. Jeder wird die Beobachtung haben machen können, wieviel leichter ein Bild, vor allem aber eine Plastik, und nun gar Architektur, im Photo sich erfassen lassen als in der Wirklichkeit. Die Versuchung liegt nahe genug, das schlechterdings auf den Verfall des Kunstsinns, auf ein Versagen der Zeitgenossen zu schieben.

Dem aber stellt sich die Erkenntnis in den Weg, wie ungefähr zu gleicher Zeit mit der Ausbildung reproduktiver Techniken die Auffassung von großen Werken sich gewandelt hat. Man kann sie nicht mehr als Hervorbringungen Einzelner ansehen; sie sind kollektive Gebilde geworden, so mächtig, daß, sie zu assimilieren, geradezu an die Bedingung geknüpft ist, sie zu verkleinern. Im Endeffekt sind die mechanischen Reproduktionsmethoden eine Verkleinerungstechnik und verhelfen dem Menschen zu jenem Grad von Herrschaft über die Werke, ohne welchen sie gar nicht mehr zur Verwendung kommen.

Wenn eins die heutigen Beziehungen zwischen Kunst und Photographie kennzeichnet, so ist es die unausgetragene Spannung, welche durch die Photographie der Kunstwerke zwischen den beiden eintrat. Viele von denen, die als Photographen das heutige Gesicht dieser Technik bestimmen, sind von der Malerei ausgegangen. Sie haben ihr den Rücken gekehrt nach Versuchen, deren Ausdrucksmittel in einen lebendigen, eindeutigen Zusammenhang mit dem heutigen Leben zu rücken. Je wacher ihr Sinn für die Signatur der Zeit war, desto problematischer ist ihnen nach und nach ihr Ausgangspunkt geworden. Denn wieder wie vor achtzig Jahren hat die Photographie von der Malerei die Stafette sich geben lassen. »Die schöpferischen Möglichkeiten des Neuen, sagt Moholy-Nagy, werden meist langsam durch solche alten Formen, alten Instrumente und Gestaltungsgebiete aufgedeckt, welche durch das Erscheinen des Neuen im Grunde schon erledigt sind, aber unter dem Druck

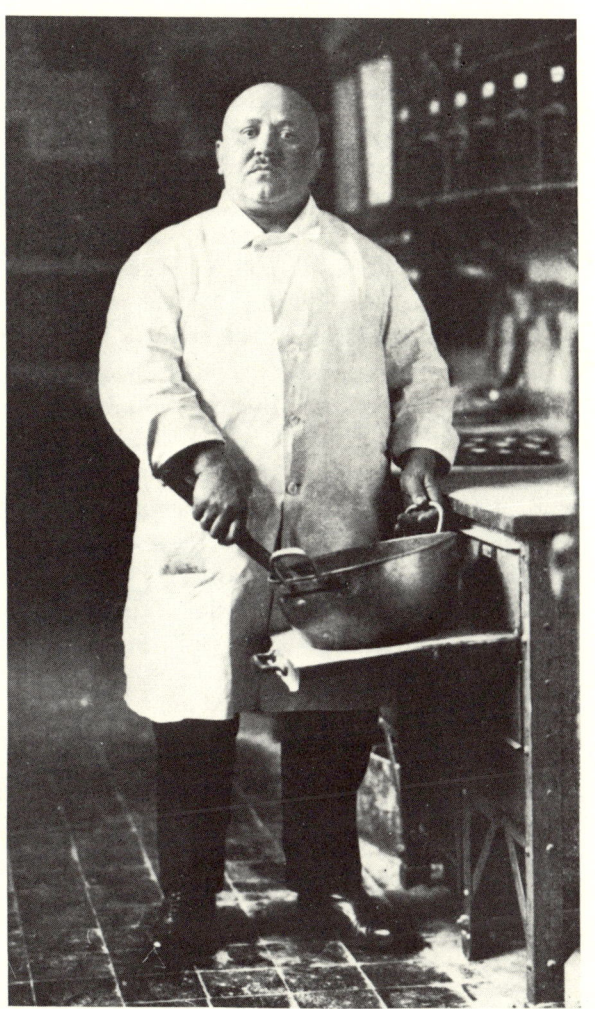

Konditor. Photo August Sander

des sich vorbereitenden Neuen sich zu einem euphorischen Aufblühen treiben lassen. So lieferte z. B. die futuristische (statische) Malerei die später sie selbst vernichtende, festumrissene Problematik der Bewegungssimultaneität, die Gestaltung des Zeitmomentes; und zwar dies in einer Zeit, da der Film schon bekannt, aber noch lange nicht erfaßt war . . . Ebenso kann man – mit Vorsicht – einige von den heute mit darstellerisch-gegenständlichen Mitteln arbeitenden Malern (Neoklassizisten und Veristen) als Vorbereiter einer neuen darstellerischen optischen Gestaltung, die sich bald nur mechanisch technischer Mittel bedienen wird, betrachten.« Und Tristan Tzara, 1922: »Als alles, was sich Kunst nannte, gichtbrüchig geworden war, entzündete der Photograph seine tausendkerzige Lampe und stufenweise absorbierte das lichtempfindliche Papier die Schwärze einiger Gebrauchsgegenstände. Er hatte die Tragweite eines zarten, unberührten Aufblitzens entdeckt, das wichtiger war als alle Konstellationen, die uns zur Augenweide gestellt werden.« Die Photographen, die nicht aus opportunistischen Erwägungen, nicht zufällig, nicht aus Bequemlichkeit von der bildenden Kunst zum Photo gekommen sind, bilden heute die Avantgarde unter den Fachgenossen, weil sie durch ihren Entwicklungsgang gegen die größte Gefahr der heutigen Photographie, den kunstgewerblichen Einschlag, einigermaßen gesichert sind. »Photographie als Kunst, sagt Sasha Stone, ist ein sehr gefährliches Gebiet.«

Hat die Photographie sich aus Zusammenhängen

herausbegeben, wie sie ein Sander, eine Germaine Krull, ein Bloßfeldt geben, vom physiognomischen, politischen, wissenschaftlichen Interesse sich emanzipiert, so wird sie »schöpferisch«. Angelegenheit des Objektivs wird die »Zusammenschau«; der photographische Schmock tritt auf. »Der Geist, überwindend die Mechanik, deutet ihre exakten Ergebnisse zu Gleichnissen des Lebens um.« Je mehr die Krise der heutigen Gesellschaftsordnung um sich greift, je starrer ihre einzelnen Momente einander in toter Gegensätzlichkeit gegenübertreten, desto mehr ist das Schöpferische – dem tiefsten Wesen nach Variante; der Widerspruch sein Vater und die Nachahmung seine Mutter – zum Fetisch geworden, dessen Züge ihr Leben nur dem Wechsel modischer Beleuchtung danken. Das Schöpferische am Photographieren ist dessen Überantwortung an die Mode. »Die Welt ist schön« – genau das ist ihre Devise. In ihr entlarvt sich die Haltung einer Photographie, die jede Konservenbüchse ins All montieren, aber nicht einen der menschlichen Zusammenhänge fassen kann, in denen sie auftritt, und die damit noch in ihren traumverlorensten Sujets mehr ein Vorläufer von deren Verkäuflichkeit als von deren Erkenntnis ist. Weil aber das wahre Gesicht dieses photographischen Schöpfertums die Reklame oder die Assoziation ist, darum ist ihr rechtmäßiger Gegenpart die Entlarvung oder die Konstruktion. Denn die Lage, sagt Brecht, wird »dadurch so kompliziert, daß weniger denn je eine einfache ›Wiedergabe der Realität‹ etwas über die Realität aussagt. Eine Photographie der Kruppwerke oder der

A.E.G. ergibt beinahe nichts über diese Institute. Die
eigentliche Realität ist in die Funktionale gerutscht.
Die Verdinglichung der menschlichen Beziehungen,
also etwa die Fabrik, gibt die letzteren nicht mehr heraus. Es ist also tatsächlich, ›etwas aufzubauen‹, etwas
›Künstliches‹, ›Gestelltes‹.« Wegbereiter einer solchen photographischen Konstruktion herangebildet
zu haben, ist das Verdienst der Surrealisten. Eine weitere Etappe in dieser Auseinandersetzung zwischen
schöpferischer und konstruktiver Photographie be-
zeichnet der Russenfilm. Es ist nicht zuviel gesagt: die
großen Leistungen seiner Regisseure waren nur mög-
lich in einem Lande, wo die Photographie nicht auf
Reiz und Suggestion, sondern auf Experiment und
Belehrung ausgeht. In diesem Sinne, und nur in ihm,
läßt sich der imposanten Begrüßung, mit der im Jahre
1855 der ungeschlachte Ideenmaler Antoine Wiertz
der Photographie entgegenkam, auch heut noch ein
Sinn abgewinnen. »Vor einigen Jahren ist uns, der
Ruhm unseres Zeitalters, eine Maschine geboren
worden, die tagtäglich das Staunen unserer Gedanken
und der Schrecken unserer Augen ist. Ehe noch ein
Jahrhundert um ist, wird diese Maschine der Pinsel,
die Palette, die Farben, die Geschicklichkeit, die Er-
fahrung, die Geduld, die Behendigkeit, die Treffsi-
cherheit, das Kolorit, die Lasur, das Vorbild, die Vollendung, der Extrakt der Malerei sein . . . Glaube man
nicht, daß die Daguerreotypie die Kunst töte . . .
Wenn die Daguerreotypie, dieses Riesenkind, heran-
gewachsen sein wird; wenn all seine Kunst und Stärke
sich wird entfaltet haben, dann wird der Genius es

Abgeordneter (Demokrat)
Photo August Sander

plötzlich mit der Hand am Genick packen und laut rufen: Hierher! Mir gehörst du jetzt! Wir werden zusammen arbeiten.« Wie nüchtern, ja pessimistisch dagegen die Worte, in denen vier Jahre später im »Salon von 1859« Baudelaire die neue Technik seinen Lesern ankündigt. Sie lassen sich so wenig wie die eben angeführten heute ohne eine leise Akzentverschiebung mehr lesen. Aber indem sie von jenen das Gegenstück sind, haben sie ihren guten Sinn behalten als schärfste Abwehr aller Usurpationen künstlerischer Photographie. »In diesen kläglichen Tagen ist eine neue Industrie hervorgetreten, die nicht wenig dazu beitrug, die platte Dummheit in ihrem Glauben zu bestärken . . . , daß die Kunst nichts anderes ist und sein kann als die genaue Wiedergabe der Natur . . . Ein rächerischer Gott hat die Stimme dieser Menge erhört. Daguerre ward sein Messias.« Und: »Wird es der Photographie erlaubt, die Kunst in einigen ihrer Funktionen zu ergänzen, so wird diese alsbald völlig in ihr verdrängt und verderbt sein, dank der natürlichen Bundesgenossenschaft, die aus der Menge ihr erwachsen wird. Sie muß daher zu ihrer eigentlichen Pflicht zurückkehren, die darin besteht, der Wissenschaften und der Künste Dienerin zu sein.«

Eins aber ist damals von beiden – Wiertz und Baudelaire – nicht erfaßt worden, das sind die Weisungen, die in der Authentizität der Photographie liegen. Nicht immer wird es gelingen, mit einer Reportage sie zu umgehen, deren Klischees nur die Wirkung haben, sprachliche im Betrachter sich zu assoziieren. Immer kleiner wird die Kamera, immer mehr bereit, flüchtige und geheime Bilder festzuhalten, deren Chock im Betrachter den Assoziationsmechanismus zum Stehen bringt. An dieser Stelle hat die Beschriftung einzusetzen, welche die Photographie der Literarisierung aller Lebensverhältnisse einbegreift, und ohne die alle photographische Konstruktion im Ungefähren stecken bleiben muß. Nicht umsonst hat man Aufnahmen von Atget mit denen eines Tatorts verglichen. Aber ist nicht jeder Fleck unserer Städte ein Tatort? nicht jeder ihrer Passanten ein Täter? Hat nicht der Photograph – Nachfahr der Augurn und der Haruspexe – die Schuld auf seinen Bildern aufzudekken und den Schuldigen zu bezeichnen? »Nicht der Schrift-, sondern der Photographieunkundige wird, so hat man gesagt, der Analphabet der Zukunft sein.« Aber muß nicht weniger als ein Analphabet ein Photograph gelten, der seine eigenen Bilder nicht lesen kann? Wird die Beschriftung nicht zum wesentlichsten Bestandteil der Aufnahme werden? Das sind die Fragen, in welchen der Abstand von neunzig Jahren, der die Heutigen von der Daguerreotypie trennt, seiner historischen Spannungen sich entlädt. Im Scheine dieser Funken ist es, daß die ersten Photographien so schön und unnahbar aus dem Dunkel der Großvätertage heraustreten.

1 Helmuth Th[eodor] Bossert und Heinrich Guttmann: Aus der Frühzeit der Photographie. 1840-70. Ein Bildbuch nach 200 Originalen. Frankfurt am Main 1930. – Heinrich Schwarz: David Octavius Hill. Der Meister der Photographie. Mit 80 Bildtafeln. Leipzig 1931.

2 Karl Bloßfeldt: Urformen der Kunst. Photographische Pflan-
zenbilder. Hrsg. mit einer Einleitung von Karl Nierendorf. 120
Bildtafeln. Berlin o. J. [1928].

3 E[ugène] Atget: Lichtbilder. Eingeleitet von Camille Recht. Paris u. Leipzig 1930.

4 August Sander: Antlitz der Zeit. Sechzig Aufnahmen deutscher
Menschen des 20. Jahrhunderts. Mit einer Einleitung von Alfred
Döblin. München o. J. [1929].

Zu dieser Ausgabe

insel taschenbuch 1423
Walter Benjamin, Aussichten

Illustrierte Aufsätze. Mit Abbildungen. Die von Tillman Rexroth
und Hermann Schweppenhäuser kritisch durchgesehenen Texte folgen der Ausgabe: Walter Benjamin, Gesammelte Schriften. Band II,
Frankfurt am Main 1977, und Band IV, Frankfurt am Main 1972.
Umschlagabbildung: Eugène Atget, Fête de la Villette. 1926.

Kulturgeschichte
im insel taschenbuch

Kulturgeschichte
im insel taschenbuch

166/2/8.91

Kinder- und Bilderbücher
im insel taschenbuch